성수동

일러두기

- 저자의 의도와 강조점을 살리기 위해, 저자가 자주 사용하는 특정 표현은 붙여 쓴 경우가 있다.
- 본문에 인용된 주민 및 성동구 관계자 인터뷰는 성동구청에서 제공한 《성수동 도시재생 스토리북》에서 발췌하였다.
- 별도의 저작권 표시가 없는 사진은 성동구청에서 제공하였다.
- 저자의 뜻에 따라, 성수동의 변화에 도움을 주신 분들의 성함은 책의 마지막에 별도로 실었다.

성수동

도시는
어떻게
사랑받는가

정원오

메디치

추천사

2013년 이전, 성수동은 자동차 수리를 제외하고는 강남 주민들의 방문이 거의 없던 지역이었다. 그러나 현재의 성수동은 강남을 넘어서, 글로벌 무대에서 주목받는 핫플레이스로 급부상했다. 모두가 알고 있는 지금의 성수동이 탄생한 것이다.

도시를 연구하는 학자 입장에서, 과거 아무도 주목하지 않던 지역이 글로벌 핫플레이스로 변모한 것도 놀라운 일이지만, 더욱 기적적인 변화는 불모지와 다름없던 곳이 글로벌 도시 서울의 새로운 업무 지구로 성장했다는 점이다. 새로운 업무 지구를 조성하는 일은 결코 쉽지 않다. 일정 규모 이상의 고학력 노동자 풀이 형성되어야 하며, 이들의 여가를 지원할 어메니티(상권, 문화적 풍토, 교통 접근성 등)가 뒷받침되어야 한다. 또한 이를 담아내고 이끌 정부의 리더십 또한 필수적이다. 그럼에도 불구하고 성수 업무지구(Seongsu Business District, SBD)는 이미 많은 기업들이 입주를 희망하는 지역이 되었으며, 실제로 강남권 주요 기업들이 하나둘씩 이곳으로 이전하고 있다.

글로벌 핫플레이스로 변화하고 새로운 업무 지구로 진화한 시기는 정원오 구청장의 1기, 2기, 3기 재임 기간(2014년~2025년 현재)과 정확히 일치한다. 이 책은 리더로서 정원오 구청장이 그만의 도시 철학을 담아낸 기록이다. 따라서 도시를 연구하는 사람은 물론 도시에 거주하는 모든 이들에게 소중한 통찰을 제공할 것이다.
— **김경민**(서울대학교 도시계획학과 교수)

성수동의 오늘은 지역과 기업이 함께 빚어낸 결과입니다.

온라인을 기반으로 시작한 무신사가 성수를 새로운 터전으로 선택한 일은 단순한 업무 공간의 이전을 넘어, 지역의 고유한 감각과 패션 산업을 융합한 의미 있는 실험이었습니다. 그 선택 이후 성수동은 수제화와 가죽으로 대표되던 전통적 이미지를 벗어나, 패션·콘텐츠·브랜딩 산업이 조화롭게 어우러진 창의적 도시로 자리매김했습니다.

《성수동》은 이러한 변화를 차분하게 기록하며, 도시와 기업이 어떻게 서로 영감을 주고받으며 함께 성장할 수 있는지를 명확히 보여줍니다. 성수동의 이 경험은 앞으로 대한민국 도시가 지속가능한 발전을 향해 나아가는 데 귀중한 이정표가 될 것입니다.
— **조만호**(무신사 대표)

성수동의 변화는 미리 준비한 계획표에서 시작된 미래가 아니라, 현장에서 먼저 움직인 사람들의 감각과 실행에서 시작됐습니다. 저는 오래된 공장의 냄새, 벽의 균열, 골목의 속도 같은 요소들 속에서 늘 공간의 서사적 결을 읽으려 했습니다. 그런 결이 존중받을 때 그 자체로 새로운 상상과 가능성이 시작될 수 있습니다.

성수의 리테일은 '판매' 공간을 넘어 도시를 경험하고 만들어가는, 그 자체로 하나의 탐구 방식이었습니다. 탐색하고 모험을 시도하는 그 과정이 사람들을 불러 모으고, 지역의 문화적 취향과 감각을 차곡차곡 쌓아 올렸습니다. 행정은 혼자 앞장서기보다, 이러한 실험이 지속될 수 있는 구조와 여백을 마련하는 역할을 수행했습니다.

이 책은 창작과 실험, 그리고 그 실험을 지켜낸 섬세한 조율이 한 도시를 움직이는 힘이 되었음을 보여주는 기록입니다. 성수동이 앞으로도 정답을 증명하기보다 새로운 질문을 제안하고, 그 질문이 또 다른 실험을 부르는 도시로 남기를 바랍니다.

— 김재원 (포인트오브뷰 대표)

프롤로그

도시는 어떻게 발전하고 진화할까? 그리고 어떻게 해야 사람들의 사랑을 받는 도시가 될까? 세 번 연임해 성동구청장을 맡은 12년 동안 내가 가장 많이 들은 질문은 '성수동은 어떻게 이렇게 발전했는가'였다. 예상할 수 있는 몇 가지 답이 있겠다. 성수동의 도시적 입지와 가능성, 청년 예술가와 사회혁신가들의 결집과 역할, 도시 트렌드의 변화, 서울이란 도시의 구조와 생태계 등…. 하지만 아무리 궁리해도 누구든 단 한 번에 만족시킬 만한 답은 없다. 그래도 답을 해야 한다면, 우리의 성공 비결은 가만히 흐름을 살폈던 것이라고 말할 수 있겠다.

사람들은 성동구청이 원대한 청사진과 치밀한 계획을 토대로 인프라를 조성하고 혁신을 추진할 인재들을 적극적으로 영입한 결과 성수동이 발전했다고 생각한다. 물론 나름의 청사진과 계획이 없었던 것은 아니다. 인프라까지는 아니더라도 필요한 건물과 시설 배치에 공을 들였다. 가능하면 젊은 인재들이 성수동에 들어와 활동하도록 신경 쓴 것도 사실이다. 하지만 우리가 성수의 발전을 전부 예측하고 의도했던 것은 아니다.

돌이켜보면 운이 좋았다. 2014년 처음 성동구청장을 맡았을 때, 성수동의 변화는 이미 시작되고 있었다. 그 변화는 매우 유기적이고 자생적이었다. 먼저 사람들이 움직이고 있었는데, 특히 청년 예술인과 기업가, 사회혁신가들이 성수동에 모여들었다. 오래된 공장과 창고 건물들은 저렴한 임대료와 독특한 공간 구조 덕분에 청년 창작자들의 작업실이나 갤러리, 카페, 또 실험적인 브랜드들의 쇼룸으로 변모했다. 한쪽의 주거단지에서는 재개발이 추진되면서 방향성을 논의하고 있었다. 우연한 흐름이 모여 긍정적인 기운이 만들어지는 것 같았다.

그 움직임을 감지한 우리는 성수동이라는 동네가 가진 고유한 분위기를 해치지 않으면서도, 흐름이 끊기지 않도록 정책을 보완했다. 예컨대 대규모 개발보다는 리모델링 중심의 변화가 일어나도록 유도했고, 건축 규제나 용도, 지역 조정 같은 제도적 장치를 통해 이 자생적인 변화의 기운과 창의력 넘치는 아이디어들이 살아남도록 도왔다.

이처럼 주어진 상황과 과제들에 대응하는 과정에서 기존 도시 계획이나 구정 계획을 여러 번 수정했다. 좋은 흐름이라고 생각되면 지속했고 나쁜 흐름이라면 억제하고자 했다. 이 도시의 가능성을 보며 들어오는 사람들을 환영하며 지원했고, 이 도시의 변화로 떠나고자 하는 사람들에겐 준비할 시간의 여유를 드리고자 배려했다.

상황을 인지하고, 무엇을 해야 할지 정했다. 대응책을 고심하고 실행하는 하나하나의 과정이 축적된 결과, 서울에서 가장 멋진 동네를 넘어 세계적으로 찾아오는 성수동이 만들어졌다.

지난 세기의 국토종합개발계획처럼 국가나 지방정부가 주도적으로 나서고 일목요연하게 변화를 끌고 나가는 정책이 여전히 필요한 곳도 있을 것이다. 하지만 어떤 변화든 일률적으로 적용할 수 없을 만큼 대한민국은 이미 충분히 복잡하게 발전했고, 각 지역마다 그곳의 사정과 조건에 따른 세밀하고 섬세한 정책이 필요하다. 어느 도시도 제로 상태인 곳은 없다. 기존의 건물과 시설로 가득하고 전부터 살고 활동하는 사람들이 있다. 이에 더해 새로운 건물과 시설, 거리가 조성되며 끊임없이 사람과 물자가 드나든다.

따라서 지금의 정책은 평평한 대지에 새로운 건축물을 짓듯 수립하고 추진하면 안 된다. 오히려 수많은 변수로 가득 찬 바다를 항해하는 것처럼 해야 한다. 성수동을 발전시킨 과정 또한 미지의 바닷길을 찾아 떠난 바스쿠 다 가마나 크리스토퍼 콜럼버스의 항해와 같았다. 저 수평선 너머에 무엇이 있을지 정확히 모르는 상황에서 막연하게나마 목적지를 설정하고, 눈앞의 해류와 바람에 대응하면서 별을 바라보고 불확실한 해도에 위치를 표시하며 앞으로 나아가는 항해 과정과 유사했다.

　기존의 도시 생태계를 활용하는 재생사업이 모든 것을 원점으로 돌리고 새출발하는 재개발보다 효과적이라는 점, 그리고 인재가 기업을 따르는 게 아니라 기업이 인재가 모인 곳에 찾아온다는 주장을 접했다. 너무나 타당한 이야기였고 설득력도 있었지만 그건 우리와 사정이 다른 해외 도시의 성공 사례에 불과한 게 아닐까 불안했다. 과연 이런 선례가 대한민국 서울, 그것도 낙후한 동네 중 하나인 성수동에서 실제로 구현될지 확신하기 힘들었다.

젠트리피케이션gentrification 방지 정책은 홍대나 합정 등에서 성수로 옮겨온 청년들의 고충을 듣는 과정에서 시작됐다. 성수동에서 만난 청년들은 임대료 상승 때문에 홍대·합정을 떠나 성수에 오게 됐다며 여기서는 그런 일이 일어나지 않았으면 좋겠다고 말했다. 솔직히 고백하자면 젠트리피케이션이란 용어도 그 과정에서 알게 되었다.

　젠트리피케이션은 뉴욕이나 런던 같은 해외 도시에서 임대료 폭등 때문에 주민들이 내몰리는 일을 일컫는다. 상대적으로 저렴한 주거비용으로 살 수 있는 곳에 문화예술인과 도시실험가들을 비롯해 새로운 입주자들이 들어와 낙후한 동네들을 되살린 결과 임대료 등 주거비용이 치솟으면서 결국 기존 주민과 크리에이터들이 쫓겨나는 것이다. 이러한 과정이 여러 차례 반복되면서 각 도시마다 대안을 고민했다. 뉴욕은 젠트리피케이션에 대응하기 위해 '커뮤니티 보드'라는 주민협의체를 만들었고, 파리는 '보호상업가로'라는 도시 계획으로 젠트리피케이션을 예방하려 했다. 런던의 '해크니 협동조합'은 도시 내 건물을 사들여 시민자산으로 만들어 소상공인을 보호하고자 했다. 우리는 이런 사례들을 접하고 이를 성수동에 적용하고자 했다. 하지만 이런 시도가 도시의 역사적 배경과 생태가 다른 성수동에서 얼마나 유효할지 당시로서는 미지수였다. 그럼에도 이런 정책들을 추진했던 것은 성수동에 애정을 갖고 이곳에 터를 잡으려는 사람들을 지키고 그들과 함께 성장하고 변화를 만들어보고 싶어서였다.

성동구청장이 되고 얼마 지나지 않아 성수동에 새롭게 진입한 문화예술인, 크리에이터, 스타트업체와 만나는 자리가 있었다. 그들은 낡아 보이는 성수동의 공장이나 창고 건물이야말로 성수만의 가장 소중한 자산이며, 이를 보전하면서 리모델링할 경우 도시의 매력이 더 분명해질 것이라고 말했다.

나는 성수동에 모인 혁신가들이 지역을 넘어 대한민국의 미래를 만들어갈 수도 있다고 생각했다. 그렇다면 이들을 지켜야 했고, 젠트리피케이션을 막기 위한 정책적 고민이 필요했다. 또 뚝섬지구단위특별계획구역, 바로 서울숲 일원의 재개발 계획을 취소하고 도시재생사업을 추진했다. 그 과정에서 붉은 벽돌 건축물을 보존하고 지원하는 조례를 만들고 시범사업을 실행했다. 또한 사회혁신을 지향하며 성수동에 모여든 청년 기업가들을 지원하기 위해 소셜벤처Social Venture 지원 정책도 만들었다.

이 중 어느 것 하나 성동구청에서 홀로 생각하고 추진하지 않았다. 서울 최고의 핫플레이스, 해외 언론이 세계에서 '가장 멋진 동네'로 손꼽는 성수동을 만든 거의 모든 일은 이 도시에서 일하고 살아가는 사람들이 직접 제안하고, 그들과 의견을 나누고 조율하는 과정에서 비롯되었다.

엄밀히 말해 나와 공무원들의 역할은 철저한 조연이었다. 모든 것은 성수동에 새바람을 몰아온 문화예술인, 기업인, 크리에이터와 같은 혁신가들이 앞장서고 그들과 비전을 공유한 주민들이 뒤를 밀면서 추진됐다. 한마디로 특별한 비전과 전략을 공공이 먼저 수립하거나 제시한 적이 없었다. 그럴 필요가 없었기 때문이다. 한껏 화려한 단어로 치장된 사업계획을 제시해봤자, 실상 소수의 공무원이 데스크에 앉아 빈칸 채우는 마음으로 쥐어짜낸 것이고, 주민 속에서 생동하는 언어가 아닌, 출력과 동시에 죽은 언어로 묻히는 결과를 수없이 봐왔다.

과거 우리가 개발도상국이던 때는 보고 배워야 하는 나라들이 많았다. 그때는 고민하면서 정책을 개발할 필요가 없었다. 선진국이 걸었던 길을 그대로 따라가면 되었다. 경청하고 싶어도, 이야기를 들려줄 사람이 많지 않았다. 고급 지식을 가진 사람은 중앙 부처나 명문대학, 대기업에 몰려 있고, 정치인과 공무원이 지역사회에서 가장 똑똑한 사람이었던 시절이었다.

그런 이유로 몇몇 전문가들이 해외 사례에 견주어 현실을 해설하고 이미 그곳에서 적용된 바 있는 대응 방안을 공유해주면, 정치인들은 법을 만들고 공무원들은 사업계획을 짜서 행정지도行政指導라는 오만한 명칭으로 주민들을 지휘했다. 그때는 그런 방식이 맞았을지 몰라도 더 이상은 아니다. 지금은 우리가 선진국이다. 이미 성장하고 발전하여 따라 배울 나라가 없다. 미국이나 일본, 유럽이 겪고 있는 문제를 동시적으로 함께 겪고 있다. 오히려 우리의 경험이 그들에게 해법과 도움이 될 수 있다. 지식이나 정보가 일부에게 독점되어 있던 것도 상황이 바뀌었다. 이제 '간판'이나 '타이틀'만으로는 대접받지 못한다. 그만큼 전문가의 풀도 다양하고 깊어졌고, 현명한 지혜와 많은 경험을 갖춘 이들이 곳곳에서 활동하고 있다.

성수동을 발전시킨 비결이 무엇이냐 이제 다시 묻는다면, 이렇게 답하겠다. 경청했으며, 뒤로 물러섰고, 멀리 보고자 했다. 그렇게 얻은 시야에 힘입어 지역사회와 함께 현실을 분석했고 전략과 계획을 수립했다. 특히 공공의 할 일을 먼저 발견하고 빠르게 해냄으로써 마치 물길을 내는 것처럼 민간의 역량이 타이밍을 잃지 않고 순항할 수 있는 환경을 만들었다.

세상은 빠르게 AI 시대로 변화하고 있다. 그와 더불어 기후재난, 인구문제, 로컬의 붕괴, 민주주의의 위기 같은 난제들에 직면해 있고, 익숙하게 알아온 원칙과 질서들이 무력해지거나 도전받고 있다. 누구도 경험해본 적 없는 세계가 열리고 있는데, 이런 시대일수록 다양한 사람들이 머리를 맞대고 현실을 분석하고 활로를 개척해야 한다.

또다시 고백하건대 지금까지 이야기한 모든 것은 사후적 분석과 평가의 결과다. 성동구청장으로 일한 지난 10여 년의 시간 동안 지역사회의 문제들을 해결하는 과정을 돌아보며 스스로에게서 발견한 원칙과 태도이기도 하다. 이 책을 쓰고 있는 이 시점에 와서야 비로소 명확해지는 부분도 있다.

따라서 이 책은 '성수동이 어떻게 혁신되고 발전했는가'에 한정되지 않는다. '성수동뿐만 아니라 현대 도시, 또는 현대 국가를 책임지는 정치와 행정의 원칙과 입장, 태도가 무엇인가'를 모색하는 책이기도 하다. 또한 '다짐이며 약속'이다. 머지않아 성동구청장의 소임을 마치고 새로운 꿈을 향해 나아갈 때도 경청과 뒤로 물러섬, 솔선수범 같은 원칙과 태도를 잊지 말자는 다짐이자 독자를 향한 약속이다.

정치는 이야기를 나누는 일이라고 생각한다. 청년 시절 이후 다양한 정치와 행정을 경험하며 타인과의 소통에서 중요한 것은 '이야기' 그 자체보다는 '이야기의 틀'이란 사실을 깨달았다. 대부분의 사람들, 다름 아닌 나부터 나름 이야기의 틀을 머릿속에 담고 있다. 이 틀에 벗어나는 이야기가 들어오면 흥미를 느끼지 못하고 흘려듣게 된다.

성수동 이야기에는 빌런이 없다. 생각이 다른 여러 유형의 이해관계자들이 있을 뿐이다. 무엇이 이 도시를 발전시키고 우리 각자의 삶을 개선할 수 있는가에 대한 서로 다른 방법론이 있을 뿐이다. 우리는 싸우지 않았다. 대신 항상 마음을 가라앉히고 꾸준히 의견을 나누며 해법을 찾았다.

이런 이야기가 과연 많은 사람의 공감을 얻을 수 있을까? 솔직히 나도 확신할 수 없다. 다만 한 가지, 시간이 조금 걸릴 수 있고 뜨거운 반응도 없겠지만, 대신 아주 길고 깊게 번져 나가는 울림이 될 것이라는 믿음이 있다.

올해는 지방자치 30주년이다. 1990년, 생사를 건 단식으로 지방자치의 문을 열었던 김대중 대통령은 생전에 후배들에게 이렇게 말씀하셨다. "서생의 문제의식과 상인의 감각으로, 반 발짝씩만 앞서가라."

솔직히 말해 구청장이 되기 전까지 나는 이 말을 너무 단순하게 이해했다. '상인의 감각'은 대중성, '반 발짝'은 눈높이 맞추기 정도로만 생각했다. 그런데 구청장으로 일하며, 그리고 김대중 대통령의 삶을 다시 들여다보며 깨달았다. '상인의 감각'은 시장과 사회를 꿰뚫어보는 현실주의적 통찰이었고, '반 발짝'은 단순한 눈높이가 아니라 국민과 보조를 맞추며 함께 나아가는 태도였다.

많은 정치인이 민주·평화·공존 같은 가치를 외치는 데 그치지만, 김대중 대통령은 늘 그것을 현실에서 구현할 수 있는 구체적인 방법을 제시하셨다. 그리고 그것을 당연한 듯 던지지 않았다. 무엇을, 왜, 어떻게 해야 하는지 차분하게 설명하셨고, 국민과 먼저 어디로 가야 할지 합의한 뒤에 천천히 발걸음을 옮기셨다.

그럼에도 그는 생전에 끊임없이 오해받았다. 독재 시절에는 '위험한 급진주의자'로, 민주화 이후에는 '비현실적 이상주의자'로 불렸다. 그의 이야기와 그것을 전하는 방식이 당시의 통념과 너무 달랐기 때문이다.

30년 전, 노태우 정부로부터 지방자치 약속을 받아낸 김대중 대통령이 병원으로 실려 가는 모습을 지켜봤다. 20대 청년이었던 나에게 그 장면은 깊은 슬픔과 감동으로 남았다. 그러나 그때는 풀뿌리 민주주의가 만개하고, 지역마다 독자적인 정책을 펼쳐 주민의 권익을 지키고 삶을 바꾸는 세상이 올 것이라고는 미처 상상하지 못했다.

미래의 가치를 현실로 가져와 치열하게 고민하며 낯선 이야기를 전에 없던 방법으로 하면서도 국민과 함께 발걸음 맞춰 걸어온 김대중 대통령이 아니었다면 성수동 이야기 역시 애당초 꺼낼 수 없는 이야기였다.

익숙한 이야기를 기존의 방식으로 반복하며 박수와 환호만 기대한다면, 그것은 정치도 행정도 아니다. 비즈니스 역시 그런 방식으로는 성공하기 어렵다. 역사를 돌아보면, 혁신을 이끈 기업가들은 언제나 시장을 향해 낯선 이야기를 던지는 것을 두려워하지 않은 사람들이었다.

어떤 이에게는 그저 작은 동네 이야기일 수 있다. 사실 성수동 이야기는 본질적으로 '일'에 관한 이야기다. 생각이 다르고 이해관계가 다른 사람들이 뜻을 모으고, 계획을 세우고, 실행에 옮겨 낡고 허름했던 동네를 새롭고 멋진 곳으로 바꾼 이야기다.

따라서 성수동 이야기는 자극적인 매운맛처럼 강렬함을 주지는 않는다. 대신 곱씹을수록 은은한 기쁨이 오래 남는, 담백하고 정갈한 음식 같은 이야기다. 어쩌면 낯선 이야기일 수 있다. 그러나 분명 새로운 통찰을 담고 있다.

그 속에는 두려움과 용기가 함께 있다. 그 위에 꾸준한 신념을 얹어 이 이야기를 독자들에게 건네며 손을 내민다. 함께 반 발짝씩 앞으로 나아가고 싶다.

추천사 4
프롤로그 7

PART 1
성수동을 찾은 청년들과 기업

1. 기업이 찾아오는 도시 24
2. 브랜드가 되는 성수 35
3. 팝업시티 성수의 미래 59
4. 성수동표 도시재생의 시작, 특별계획구역 해제 80
5. 도시재생, 관찰하는 도시 정책 89

PART 2
붉은 벽돌로 도시를 디자인하다

1. '과정의 정치' 재개발과 재생의 사이에서 102
2. 성수동표 도시재생 111
3. 붉은 벽돌을 재해석하다 127
4. 감각의 정치로 이룬 도시 디자인 136
5. 성수의 방식은 확산될 수 있는가 146

PART 3
성수형 사회계약, 젠트리피케이션 방지 조례

1. 제도화된 연대, 성수동을 지키는 조례   160
2. 조례의 실천, 제도에서 현장으로   169
3. 시장을 지키는 젠트리피케이션 방지 정책   176
4. 한 동네의 정책 실험, 나라의 법과 제도를 바꾸다   179
5. 지속가능한 성수, 다음 장을 설계하다   183

PART 4
사회혁신 도시, 성수동

1. 소셜벤처, 사회혁신의 새로운 엔진   194
2. 성수동, 사회혁신의 실험실에서 세계적인 도시로   220
3. 성수동의 미래, 문화 산업의 중심지   229
4. 도시의 위기, 타운매니지먼트로 응답하다   235
5. 문화가 경제가 되는 도시   250

에필로그   263
함께 '성수'를 만든 사람들   269

PART 1

성수동을 찾은 청년들과 기업

물길을 터주는
도시 정책

←성수동은 '붉은 벽돌'이라는 과거의 유산을 도시 디자인의 핵심 언어로 삼았다. 기억을 정책으로, 감정을 경관으로, 시민을 도시 계획의 동반자로 삼은 성수동의 실험은 지금도 진행 중이다.

> "성수동은 청년들의 감각과 기획,
> 창조와 실험이 녹아든 창조적 장소였고,
> 기업들은 바로 그 기운을 따라왔다."

성수의 풍경이 바뀐 것만큼이나 숫자로도 그 변화가 확연하다. 2013년 10,323개였던 성수동 소재 기업체는 2023년 19,200개로 늘었다. 거의 두 배 가까운 성장이다. 산업 종사자 수 역시 2013년 77,369명에서 2023년 124,923명으로 늘었다. 국가도, 서울도 '저성장' 추세인데 성수 홀로 고도성장을 구가하는 듯하다. 서울시가 발간한 〈2023 서울시 지역내총생산(GRDP) 보고서〉에 따르면 성동구는 전년 대비 지역 경제 성장률 10.92%를 기록해 서울시 25개 자치구 중 1위를 차지했다. 서울시 전체 평균은 3.36%였다.

    한때 성수동을 '한국의 브루클린'이라 불렀다. 강 건너 대도심과 맞닿아 있으면서, 낡은 산업 공간과 예술·디자인이 공존하는 특유의 분위기 때문이다. 성수동은 과거 구두와 인쇄 공장이 즐비했던 거리에서 카페와 스타트업이 모여드는 활기찬 공간으로 변모했다. 이는 20세기 후반 낡은 창고를 개조해 문화 중심지가 된 미국 뉴욕 브루클린 지역의 덤보와 윌리엄스버그 사례와 닮았다. 거리마다 오래된 붉은 벽돌 건물과 현대적인 인테리어가 맞물려 만들어내는 시각적 대비, 골목 곳곳에서 열리는 팝업과 전시, 독립 브랜드의 실험정신이 브루클린을 떠올리게 했다. 이는 초기 성수의 별칭이 되었고, 성수동 도시재생의 지향점을 분명히 하는 상징적 장치가 됐다. 수많은 홍보 문구보다 훨씬 수월하게 이해관계자들에게 성수동의 목표를 전달하는 역할을 했다.

이제는 '한국의 브루클린'이라는 말이 필요 없고, 성수는 '성수' 혹은 '성수동' 그 자체로 불리며 세계적인 핫플레이스가 되었다. 성수가 글로벌 도시로 빠르게 성장하기까지 다양한 힘이 작용했다. 창조적인 청년들의 유입이 그 시작이었다면, 결정적인 동력은 청년들만큼이나 창조적이고 진취적인 기업들이었다. 국내의 많은 핫플레이스들이 '소비도시'에서 '생산도시'로 진화하지 못해 성장을 멈추고 쇠퇴한 반면, 성수동에는 유수의 대기업과 유니콘 기업들이 들어오면서 도시의 지속가능성을 떠받치는 강력한 산업적 기반이 마련되었다.

소비도시를 넘어 생산도시로, 유행을 넘어 하나의 '브랜드'로 진화한 성수동의 힘은 과연 어디에서 비롯된 것일까? 기업을 끌어들인 것은 성동구청의 행정 견인력 덕분일까, 아니면 기업들 스스로의 선택이었을까?

기업이 찾아오는 도시

1

"어떻게 그런 기업들을 유치했습니까?"

성수동의 역사는 '공장지대'에서 시작되었다. 일제강점기 당시 한강 연안은 수운을 활용한 물류 요충지로 주목받았고, 성수동 또한 경성도심과 연결되는 중간 지대로서 경공업 공장이 밀집된 지역이었다. 이곳에서는 구두, 섬유, 금속가공 등 다양한 제조업이 이루어졌으며, 물자가 유통되고 조립되어 다시 도시로 보내지는 과정을 통해 '만드는 사람들'의 터전이 형성되었다.

해방 이후부터 1980~90년대에 걸쳐 성수동은 서울 산업화의 현장이자 저임금 고밀도 노동의 상징적인 공간이었다. 구두, 인쇄, 기계금속 등 1차 및 2차 가공업이 혼재하며 '작은 공장'과 '작은 주택'이 어우러진 준공업 지역으로 성장했다. 붉은 벽돌로 지어진 저층 다세대 주택들은 낮에는 생산활동의 공간으로, 밤에는 주거의 공간으로 활용되며 "공장 옆에 사람이 살고, 사람이 사는 곳이 공장이다"라는 말이 자연스럽게 통용되는 모습을 보였다.

그러나 1997년 IMF 외환위기를 기점으로 제조업 기반이 급격히 약화되면서, 수많은 영세 공장과 소공인들이 폐업하거나 다른 지역으로 이전했다. 한때 활기 넘치던 골목은 정적에 잠겼고, 낡은 창고와 빈 상가만이 남아 도시 속 유휴지로 변모하며 '서울의 끝 동네'라는 오명을 얻기도 했다.

흥미롭게도 이러한 쇠퇴는 이후 성수동이 새로운 방식으로 활력을 되찾는 계기가 되었다. 버려진 공장과 창고에 청년 문화예술인, 스타트업체들이 유입되기 시작하며 카페, 갤러리, 공방, 사무실 등으로 재탄생했다. 이들을 시작으로 또 다른 청년층의 유입이 이어졌고, 최종적으로는 다양한 분야의 기업들이 성수동으로 모여들었다.

현재 SM엔터테인먼트, 큐브엔터테인먼트와 같은 엔터테인먼트 산업, 무신사, 아이아이컴바인드와 같은 패션 산업, 클리오, 아모레퍼시픽과 같은 뷰티 산업, 그리고 쏘카와 크래프톤 같은 IT기반의 스마트 산업들이 자리 잡고 활발하게 활동 중이다. 이들 기업은 대한민국 신성장동력으로 손꼽히는 유망한 미래 산업 분야에 속한다.

성수동에 유수의 기업들이 모여드는 것을 보고 많은 사람들이 질문을 던진다. "어떻게 그런 기업들을 유치했습니까? 비법이 무엇입니까?" 성동구는 '기업하기 좋은 도시'

과거 정미소와 창고로 쓰던 대림창고 건물을 리모델링하여 갤러리 겸 카페로 운영하기 시작했고, 2024년부터 공간의 일부를 의류 매장으로 활용하고 있다.

성수역 지하철 표지판. 지하철 2호선 성수역과 수인분당선 서울숲역이 교차하는 성수동은 뛰어난 대중교통 접근성을 가진다.

를 만들기 위해 지식산업센터 활성화를 위한 용적률 인센티브, 지방세 감면, 중소기업육성자금 융자 지원, 지역 특화 업종(수제화, 패션봉제 등) 클러스터 조성, 청년 맞춤형 창업 공간 지원 등 다각적인 정책을 추진했다.

하지만 이러한 정책들은 대부분 다른 지방자치단체에서도 유사하게 추진하고 있는 경우가 많다. 정책의 명칭이나 추진 방식에 다소 차이가 있을 뿐, 사실상 같은 정책이라고 봐도 무방하다. 그렇다면 성동구청만의 독창적인 정책이 기업 유치에 결정적인 역할을 한 것일까?

성동구는 성동안심상가를 통한 젠트리피케이션 방지

정책, 소셜벤처 육성을 위한 '사회적경제활성화기금'과 '성동임팩트펀드' 조성, 전국 최대 규모의 '소셜벤처 허브센터' 운영 등 독자적인 성과들을 이루었다. 이러한 노력들이 기업 유치에 일정 부분 기여했을 가능성은 있다. 그러나 이러한 정책만으로 기업 유치를 온전히 설명하기에는 부족함이 있으며, 오히려 기업들이 '스스로의 선택으로 성수동에 입주했다'는 분석이 더욱 정확하고 합리적이다.

그렇다면 기업들이 스스로 성수동에 찾아 들어온 이유는 무엇일까?

성수동만의 매력: 입지와 자연, 그리고 청년

우선 입지가 좋다. 성수동은 서울 강북의 중심부와 강남을 연결하는 한강축선에 위치하고 있으며, 지하철 2호선 성수역과 수인분당선 서울숲역이 교차하는 지점에 있어 대중교통 접근성이 좋다. 또한 동부간선도로와 강변북로가 인접하여 자가용을 이용한 접근성도 우수하며, 'T자형' 지하철 노선은 물리적 접근성과 보행자 동선을 동시에 충족시킨다.

둘째, 풍부한 자연환경과 인적 자원이다. 도심 최대의 자연환경이라 할 수 있는 한강과 서울숲을 동시에 누릴 수 있는 쾌적한 환경을 제공한다. 인근에는 한양대학교와 건국대학교가 위치하여 콘텐츠 산업에 필수적인 창작자, 디자이너, 개발자, 마케터 등 풍부한 청년 인재풀을 확보할 수 있는 기반이 마련되어 있다.

　하지만 이러한 입지 조건들은 과거에도 존재했기에, 기업들이 현재 성수동으로 집중되는 현상을 온전히 설명하기에는 부족하다. 성수동에는 가로와 건물, 거리의 분위기 이상으로 더 본질적인 매력이 있었으니, 바로 '청년의 도시'라는 정체성이다. 성수동은 청년들의 감각과 기획, 창조와 실험이 응축된 '창조적 장소'였고, 기업들은 바로 이러한 역동적인 분위기에 이끌려 유입되었다.

> 지방 사람이다 보니 서울 여러 동네를 살아봤는데 그중에 가장 좋았던 기억은 성수동이에요. 교통도 편리하고 한강과 서울숲도 있잖아요. 오르막길이 없는 평지라는 특징도 참 좋아요. 개인적으로 산책하는 걸 좋아하는데 오르막이 없다 보니 이곳저곳 여유롭게 걷기 좋아요.
> ― 조인혁(디자이너)

결과적으로 성수동의 새로운 흐름을 주도한 것은 바로 '새로움을 갈망하는 청년들'이었다. 이들은 정형화된 상업 공간이나 기존 브랜드가 주는 피로감에서 벗어나 자신만의 취향과 라이프스타일을 실험할 수 있는 무대를 찾아 나섰고, 성수동은 그런 청년들에게 낡고 비어있는 공간을 하나의 백지처럼 제공했다.

버려진 공장과 창고, 인쇄소와 철제문 사이에는 무한한 가능성과 해석의 여지가 있었고, 이러한 여백은 창작자와 창업가를 끌어들였다. 브랜드의 서사와 공간의 감성이 일치하고, 창작과 창업이 자연스럽게 어우러지는 이곳은 단순한 거주지를 넘어 하나의 '경험지'로 자리매김했다. 이처럼 자발적으로 형성된 청년 문화의 집적은 점차 '차별적 경험'을 추구하는 더 많은 청년과 소비자를 끌어들였고, 흐름을 읽은 기업들이 성수동으로 발걸음을 옮기기 시작했다.

인재가 모인 곳에 기업이 따라온다

기업들이 성수동으로 유입된 현상은 도시사회학자 리처드 플로리다의 이론을 통해 효과적으로 설명할 수 있다. 플로리다는 저서 《창조계급의 부상 The Rise of the Creative Class》에서 "기업이 있는 곳에 인재가 몰리는 것이 아니라, 인재가 있는 곳에 기업이 따라간다"라고 주장했다. 이는 전통적인 도시 발전 방식, 즉 산업 인프라를 기반으로 인재를 유인하려던 방식과는 대조적으로, 오늘날에는 창조적인 사람들과 감각적인 소비층, 그리고 활발하게 연결된 커뮤니티가 존재하는 곳에 산업이 형성되며 기업은 그러한 흐름에 합류한다는 관점이다.

성수동은 이러한 이론의 전형적인 사례로 볼 수 있다. 성수동은 단순히 임대료가 저렴하거나 교통이 편리한 입지 조건만을 갖춘 곳이 아니었다. 도시를 하나의 콘텐츠로

카페 어니언 성수점의 철문. 1970년대 금속 공장이었던 '신일금속'의 녹슨 철문을 그대로 사용하고 있다.

만들고 확산시킬 수 있는 감각 있는 청년들이 있었고, 이들이 주도적으로 만들어낸 공간과 브랜드들이 있었다. 대림창고, 카우앤독, 헤이그라운드 같은 복합공간은 그 대표적인 예시다. 이러한 공간들은 단순히 부동산 임대업의 결과물을 넘어, 창작자와 사회혁신가, 스타트업이 서로 교류하고 연결되는 커뮤니티 플랫폼의 역할을 수행했다. 이곳에서는 커피를 마시며 전시를 관람하고, 사회혁신 워크숍이 진행되며, 저녁에는 재즈 공연이 펼쳐지는 등 다른 지역에서는 쉽게 경험하기 어려운 복합적인 문화적 경험이 제공되었다.

이런 흐름을 읽어낸 기업들은 성수동을 주목했다. 단순히 사무실을 이전하는 것을 넘어, 이미 조성된 문화·창의 생태계에 편입되어 브랜드의 정체성을 강화하고 소비자와의 접점을 넓히려는 전략을 추구했다. 특히 성수동에는 MZ세대를 비롯한 젊은 소비층이 일상적으로 드나드는 골목과 공간이 풍부하여, 기업 입장에서는 광고나 캠페인보다 훨씬 자연스럽게 타깃 고객과 소통할 수 있는 환경을 제공했다.

성수동에 입주한 기업들은 이 지역의 물리적 공간보다 '여기에서 일한다'라는 상징성이 주는 무형의 가치를 높이 평가한다. 청년들 사이에서 성수동은 '힙한 동네', '새로운 라이프스타일을 실험하는 무대'로 인식되고 있으며, "성수에서 일한다"라는 표현은 또래 집단에서 자신을 차별화하고 창의성과 감각을 인정받는 일종의 상징자본으로 기능한다. 이러한 이미지는 기업의 채용 경쟁력에도 긍정적인 영향을 미친다. 창의적인 인재들이 선호하는 동네에 회사를 두는 것은 곧 좋은 인재를 끌어들이는 환경을 갖췄다는 의미이기 때문이다.

결론적으로 성동구에 기업들이 모여든 이유는 행정이 성수동을 '기업을 경영하기 좋은 도시'로 만든 결과라기보다는, 성수동을 '청년이 머무르고 모이는 도시'로 만든 결과였다. 청년들이 이곳에 머물며 자신들의 감각과 네트워크를 기반으로 새로운 도시 문화를 형성했고, 그 흐름을 따라 기업들이 자연스럽게 입주한 것이다. 다시 말해 성동구가 집접적으로 유치한 것은 기업이 아니라 청년들이었고, 기업들은 성수동이라는 물리적 공간 자체보다 이곳에 모여 활발한 활동을 펼치는 청년들을 향해 들어온 것으로 해석할 수 있다.

브랜드가 되는 성수

2

'장소성'과 '낮은 임대료'의 힘

민선 6기 성동구청장 취임 시점인 2014년, 성수동에는 이미 청년들의 활발한 움직임이 감지되고 있었다. 이 흐름을 유지하는 것이 성동구청의 첫 번째 과제라고 생각했고, 특히 성수동의 '장소성'에 주목했다. 낙후된 공장지대였던 성수동에 청년들이 모여드는 본질적인 이유를 규명하는 것이 급선무로 판단되었다.

앞서도 언급했듯이 성수동은 지리적으로 언덕이 거의 없는 평지 지형으로, 서울숲과 한강을 끼고 있어 쾌적한 자연환경을 제공한다. 또한 대중교통 및 자가용 이용에 편리하고, 청년 인재 유입의 자연스러운 기반이 형성되어 있었다. 이에 더해 오랜 기간 공장지대로 남아 있던 특성상 다른 지역에 비해 상대적으로 낮은 부동산 가격을 유지하여, 작업 공간 및 갤러리가 필요했던 청년 문화예술인, 독

성수동은 한강과 서울숲을 끼고 있으며 언덕이 거의 없는 평지 지형으로, 걷기 좋은 환경을 제공한다.

특한 콘셉트나 카페나 식당을 운영하려는 청년 상인, 혁신을 추구하는 기술 기반 스타트업, 사회적 가치 실현을 목표로 하는 소셜벤처들이 자리를 잡기 시작하는 배경이 되었다.

> 서울숲부터 성수사거리까지, 우리가 성수동이라고 부르는 동네의 가장 큰 장점은 바로 언덕이 없어서 걷기 좋다는 점이 아닐까 싶어요. 핫한 맛집과 카페, 와인바 모두 걸어서 방문하기 좋은 위치에 있죠. 그리고 성동구의 젠트리피케이션 방지 정책과 붉은 벽돌 건물 사업 등 다양한 로컬 문화 지원 정책 덕분에 동네가 활기를 잃지 않고 다양한 사람들이 모이는 동네가 되어서 참 다행이라고 생각해요.
> — 제레박(인스타 '성수교과서' 운영자)

이러한 요소들이 복합적으로 작용하여 성수동 거리의 '이벤트 지수'가 급격히 상승했다. 이벤트 지수는 도시를 걸을 때 사용자가 예상 밖의 체험을 얼마나 자주 경험하는지를 나타내는 지표로, 도시 공간이 단조롭지 않고, 다양한 감각적 자극과 사회적 상호작용이 빈번하게 일어날수록 높게 평가된다.

사회학자 윌리엄 F. 화이트가 "도시는 사람들이 다른 사람을 만나는 밀도의 함수"라고 했듯이, 성수동은 바로 그 밀도를 체감할 수 있는 동네로 발전해 나갔다. 성수동에는 독특한 카페와 갤러리, 공방 등 다양한 공간을 통해 같은 관심사를 공유하고 있는 또래 청년들을 쉽게 만날 수 있었다. 이러한 환경은 청년들이 새로운 사람들과 경험을 찾아 성수동으로 모여들게 하는 원동력이 되었으며, 이러한 트렌드는 현재까지도 지속되고 있다.

'이벤트 지수'가 높은 도시

이벤트 지수의 중요성은 성수동과 곧잘 비교되곤 하는 브루클린의 변화 과정에서도 선명하게 드러난다. 과거 뉴욕의 대표적 공업 지구였던 브루클린은 1980년대 이후 예술가, 디자이너, 음악가들이 대거 유입되며 '걷는 도시', '창작의 도시'로 변모했다. 특히 윌리엄스버그와 덤보 지역에서는 낡은 창고와 공장들이 전시장, 공연장, 북카페, 서점, 공방으로 재활용되며 예상치 못한 다채로운 체험을 제공하는 공간으로 재탄생했다.

    브루클린 거리에서는 평범한 주택가에서 수제 맥주 양조장을 발견하거나, 일요일마다 플리마켓이 열리고, 주차장에서 스트리트 댄서들의 즉흥 공연이 펼쳐지는 등 고정된 용도 없이 다층적인 프로그램이 중첩되는 구조 속에서 시민들은 매 순간 새로운 자극과 만남을 경험한다.

    브루클린은 이런 도시 체험의 다양성이 단순한 상업적 성공을 넘어 문화적 자산으로 확장될 수 있음을 보여주었다. 또한 문화가 상업보다 선행하며 예술이 도시를 재해석하는 과정을 통해 '우연한 영감의 도시'라는 명성을 얻었다.

그런데 이 경험의 밀도, 즉 '이벤트 지수'는 단순한 유행이나 트렌드를 넘어, 과거의 흔적을 존중하며, 미래를 실험하는 도시 구조에서 비롯된다. 브루클린이 뉴욕의 외곽에서 세계적인 문화 브랜드로 성장할 수 있었던 비결은 바로 도시에서 반복적으로 발생하는 낯선 체험과 사건들의 빈도에 있었다.

성수동 역시 브루클린과 유사한 맥락에 서 있다. 낡은 공장 골목이 전시 공간으로 바뀌고, 카페와 공방이 서로의 경계를 허문다. 한양대와 건국대를 기반으로 한 청년 예술가들과 기술 스타트업들이 이질적인 공간들을 창의적으로 점유하며, 성수는 '한국의 브루클린'이라는 별칭을 얻었다. 그러나 성수동은 이러한 단순한 유사성을 넘어, 성수동만의 독자적인 이벤트 지수를 만들어가고 있다.

성수동의 이벤트 지수를 끌어올린 공간은 다양하다. 그중 도시적 변화를 선도한 가장 대표적인 공간은 '대림창고'다. 대림창고는 1970년대 초 정미소로 건립된 후 1990년대에는 공장 자재 보관 창고로 사용되다가, 2011년 이후부터는 복합문화공간으로 성공적으로 전환되었다. 이 전환을 기획한 설치미술가이자 도시 문화기획자인 홍동희 작가는 리모델링을 넘어 과거의 시간성과 재료를 그대로 살린 대형 복합문화공간으로 대림창고를 재창조했다. 붉

성수이로 대림창고 거리 풍경. 1970년대 정미소 건물을 리모델링한 대림창고는 성수동 도시재생의 흐름을 이끈 대표적인 복합문화공간이다.

은 벽돌 외관, 노출 구조물, 목재 가구와 아트월이 조화롭게 어우러진 내부는 '도시의 과거가 예술이 되는 장소'라는 메시지를 전달하며 성수동 도시재생 흐름에 결정적 계기를 제공했다.

홍동희 작가는 대림창고에 이어 '할아버지 공장'이란 공간을 선보였다. 이 공간은 1960년대에 지어진 오래된 공장을 재해석해, 과거의 구조를 유지하면서도 전시장, 공연장 등 복합문화공간으로 재탄생시켜 감각적인 예술성과 커뮤니티적 요소가 더해졌고, 방문객에게는 시간과 감각이 교차하는 특별한 경험을 제공한다.

'자그마치'도 성수동의 변화를 선도한 공간이다. 자그마치는 2014년 문을 연 카페이자 문화공간으로, 성수동식 공간 재해석의 상징처럼 자리 잡았다. 본래 인쇄 공장이던 이 건물은 도면함, 공장 탁자, 책꽂이 등 과거의 흔적을 최대한 보존한 채 재활용되었고, 인더스트리얼한 분위기 속에서 감각적인 전시와 워크숍, 로컬 브랜드 쇼케이스 등이 열렸다. 아틀리에 에크리튜 김재원 대표가 디렉팅한 자그마치는 초기부터 '성수다운 공간'의 대표적인 예로 언급되며, 청년들이 성수동의 독특한 분위기를 가장 먼저 체감하는 장소가 되었다.

또한 최근에는 'TPZ Team Positive Zero'의 김시온 대표가 만든 공간들이 인기가 많다. 그는 연무장길 일대의 공장과 작업장으로 쓰이던 복합건물을 리모델링하여 카페, 숍, 전

할아버지 공장 외관. 오래된 금속 세공 공장을 개조하여 전시장, 마켓, 공연장 등으로 활용하는 복합문화공간이다.

할아버지 공장 내부. 낡은 공장의 뼈대를 그대로 살려 문화와 휴식의 공간으로 재탄생했다.

시, 쇼룸이 어우러지는 다층적 공간으로 재탄생시켰으며, 이를 통해 '스토리를 전시하는 무대이자 실험적 정체성을 발산할 수 있는 도시'로서 성수동의 특징을 더욱 부각시킨다. 그의 공간은 단순히 상품을 판매하는 장소를 넘어, 독특한 방식으로 브랜드의 이야기를 전달하며 '이질적인 요소들의 충돌이 가장 아름답게 녹아든 곳'이라는 평가를 받는다.

이처럼 대림창고, 자그마치, 할아버지 공장, TPZ와 같은 다양한 공간은 서로 다른 시점과 방식으로 성수동에 들어섰지만, 공통적으로 과거의 물성을 존중하며 창의적 콘텐츠를 덧입혔다는 점에서 성수형 도시재생의 대표 사례로 손꼽힌다. 골목마다 이러한 공간이 늘어나면서 성수동 전체는 하나의 유기적 콘텐츠 네트워크로 진화했으며, 청년들은 그 안에서 새로운 사람과 경험을 탐색하며 일상적으로 '머무르고 싶은 도시'를 체험할 수 있게 되었다.

단절된 흐름을 잇는 '징검다리'

이벤트 지수를 끌어올린 또 하나의 결정적 요인은 서울숲이다. 2005년 6월 개장한 서울숲은 120만㎡(36만 평)에 달하는 넓은 면적에 생태숲, 문화예술공원, 체험학습원, 자연생태숲, 한강수변공원 등 다섯 개의 테마 공간으로 조성되었다. 사슴사육장, 곤충식물원, 숲속놀이터, 야외무대, 갤러리, 자전거 도로 및 산책로 등 다양한 콘텐츠를 갖춰 연령과 목적에 관계없이 모두가 즐길 수 있는 복합형 공원이다.

　서울숲은 단순한 녹지를 넘어 시민의 여가, 교육, 문화가 융합되는 실질적인 도시 플랫폼으로 기능하며, 연평균 약 750만 명의 방문객을 끌어모은다. 주말과 공휴일에는 하루 평균 2~3만 명이 찾을 정도로 높은 유동성을 보이며, 이는 인근 지역상권과 문화 생태계에 직접적인 영향을 미친다. 특히 서울숲이 지닌 생태적 매력과 문화적 경험은 성수동이 가진 창의산업·로컬 브랜드의 에너지와 결합될 때, 도시의 유동성과 경험의 다양성을 비약적으로 확장시키는 강력한 시너지로 작용할 수 있다. 서울숲이 '도심 속 숲'으로서 시민의 삶의 질을 높여왔다면, 성수동과의 연계는 그 숲의 가치가 지역 경제와 도시 문화로 확장되는 새로운 전환점이 될 것이었다.

　그런데 안타깝게도 장애물이 있었다. 현재 SM엔터테인먼트와 현대글로비스가 입주한 오피스 빌딩과 주상복합주택이 들어선 수인분당선 서울숲역 일원은 미활용 부지로 방치되어 있었다. 예정된 건축 공사로 인해 해당 부지 2개는 펜스로 둘러싸여 있었고, 그 사이 약 50m가량 되는 유휴 공공 부지가 마치 비포장도로처럼 황량하게 놓여 있어 보행 흐름을 단절시켰다. 더욱이 해당 건물들이 완공될 경우, 이 공공 용지가 대형 오피스와 주상복합 입주민들의 사유지처럼 사용될 가능성이 높아 서울숲과 성수동 거리가 단절될 우려가 있었다.

이에 따라 성동구는 공간 사유화를 막고 도시의 연결성과 공공성을 유지하기 위한 해법으로 '언더스탠드에비뉴'를 조성했다. 언더스탠드에비뉴는 서울숲과 성수동을 잇는 '징검다리' 역할을 하여, 서울숲에 놀러온 수많은 사람들이 자연스럽게 성수동으로 유입되는 통로가 됐다.

2016년 4월 18일 개관한 이 공간은 성동구와 민간기업, 시민사회가 협력한 민·관·기업 상생협력 사회공헌 프로젝트(PPP)로 탄생했으며, 총 4,126㎡(약 1,250평) 부지에 116개의 재활용 컨테이너를 활용해 조성되었다. 과거 단절과 방치되었던 서울숲역 동측 공공 부지를 문화와 창업 공동체가 살아 숨 쉬는 열린 도시 플랫폼으로 탈바꿈시켰다.

언더스탠드에비뉴는 건축 방식에서도 성수동의 독특한 도시재생 철학을 계승했다. 낡은 공장과 오래된 창고를 리모델링해 콘텐츠를 담아냈던 기존 성수동 도시재생의 흐름처럼, 인더스트리얼 미학과 지속가능성을 결합한 재활용 컨테이너 구조를 채택함으로써 성수동의 장소성과 조응했다.

이 공간은 단순한 문화공간이 아닌 사람 중심의 일자리 플랫폼으로 기능해왔다. 청년 창업가와 사회적 기업이 입주해 창의적 실험을 이어가는 한편, 어르신 일자리와 취약계층 고용을 연계하는 등 포용적 성장의 거점으로 자리매김했다. 개관 이후 현재까지 누적 방문객 800만 명에 달하며, 연간 130만 명 이상이 꾸준히 찾는 성동구 대표 문

서울숲을 중심으로 한강과 복잡하게 얽힌 도로망과 주변의 도시 스카이라인이 한눈에 들어오는 모습이다. 도심 속 녹지 공간과 도시 기반시설이 어우러진 풍경을 보여준다.

화공간으로 성장했다. 이는 단순한 공간 재생을 넘어, 시민 일상과 경제 생태계에 실질적으로 기여한 결과다.

언더스탠드에비뉴는 서울숲역 일대를 대형 오피스와 주상복합의 사유화 흐름으로부터 보호하고, 누구나 접근 가능한 오픈 스페이스로 활성화하는 데 결정적 역할을 했다. 덕분에 서울숲과 성수동 거리는 보행 흐름과 도시 경험이 단절되지 않은 채 연결되었고, 이는 성수동 전체의 이벤트 지수를 한 층 더 끌어올리는 결과를 가져왔다.

무엇보다 언더스탠드에비뉴는 청년이 일하고 시민이

즐기며 지역이 함께 성장하는 도시 정책의 철학을 구현한 상징적인 공간이다. 성수동을 '뜨는 동네'가 아닌 '살고 싶은 도시'로 만드는 전환점이 되었으며, 지금도 다양한 실험과 가치를 창출하는 살아 있는 플랫폼이다.

이런 공간 전략은 해외 도시들에서도 유사한 방식으로 실험되었다. 런던의 쇼디치에 조성된 '박스파크Boxpark'는 그 대표적인 사례다. 박스파크는 철도 고가 아래 방치된 유휴지에 60여 개의 컨테이너 박스를 쌓아 올린 복합 문화·상업 플랫폼이다. 유동인구가 많았음에도 물리적 단절과 시설 부족으로 단조로웠던 도시 경험을, 지역 기반 창업자, 디자이너, 푸드트럭, 독립서점 등이 입주하면서 이질적인 흐름을 연결하는 도시적 허브로 변모시켰다.

박스파크는 도시에 있는 소규모 창작자들이 실험하고 동시에 시민이 일상에서 머물고 쉼을 얻는 보행형 플랫폼으로 기능했다. 언더스탠드에비뉴와 유사하게 컨테이너 박스를 재활용해서 공간을 만들었으며, 동네에서 뚝 끊겨 있던 길을 자연스럽게 연결해서 사람들이 활발히 오가도록 만들었다. 그리고 정부와 민간 기업이 협력해 운영한다. 이 세 가지 측면에서 성수동의 도시재생 모델과 깊이 닮아 있다.

또 하나의 사례는 네덜란드 로테르담의 '루흐트진겔The Luchtsingel' 프로젝트다. 이 프로젝트는 철도와 고속도로에 의해 단절된 구도심과 신도심을 400m 길이의 고가 보

언더스탠드에비뉴는 서울숲역 인근 유휴 부지에 재활용 컨테이너 116개를 활용해 조성한 복합문화공간으로, 청년 창업과 공익 활동을 지원하는 플랫폼 역할을 한다.

런던 쇼디치의 박스파크. 철도 고가 아래 유휴지에 컨테이너 박스를 쌓아 만든 복합 문화·상업 플랫폼으로, 언더스탠드에비뉴와 유사한 도시재생 사례다.

네덜란드 로테르담의 루흐트진겔. 단절된 도심을 연결하는 400m 길이의 노란색 고가 보행교로, 시민참여로 만들어져 지역상권과 커뮤니티 활성화에 기여했다.

행교로 연결한 시민참여형 도시재생 사업이다. 이 보행교의 진정한 가치는 단순한 '연결'에만 있지 않다. 사람들이 도시를 다시 걷고 발견하게 만들며 지역상권과 문화시설로 자연스럽게 발걸음을 이끄는 역할을 했다. 무엇보다 주변의 창업 커뮤니티 '스히블록'과 연계하여 지역의 청년 예술가와 창작자들을 위한 커뮤니티 공간을 제공하며 의미를 더했다.

이처럼 유휴 공간을 활용해 단절된 도시의 보행 흐름을 복원하고, 그 위에 창업과 문화, 공동체가 공존하는 복합 플랫폼을 구축하는 방식은 도시의 라이프스타일을 다시 디자인하는 전략이다. 서울숲과 성수동 사이의 언더스탠드에비뉴가 수행한 역할은 런던의 박스파크, 로테르담의 루흐트진겔과 유사한 궤도에 있다.

다만 차이점도 명확하다. 런던과 로테르담이 주로 상업과 커뮤니티의 연계에 중점을 뒀다면, 언더스탠드에비뉴는 여기에 청년 창업 지원과 사회적 경제 인큐베이팅, 그리고 세대 간 포용까지 포괄한다. 바로 이 점에서 성수동은 세계의 도시재생 모델 벤치마킹에서 그치지 않고, 이를 뛰어넘는 독자적인 가치를 창출하고 있다.

청년이 머무는 도시의 세 가지 원칙

사실 이 모든 것이 처음부터 계획된 것은 아니었다. 당시 성동구가 서울숲역 일원의 공간 사유화를 막고 도시의 흐름을 연결하기 위해 언더스탠드에비뉴를 기획하던 시점은 2015년 전후였다. 바로 그 무렵, 런던의 박스파크와 로테르담의 루흐트진겔 프로젝트에 대한 정보가 국내외 도시 디자인 커뮤니티를 통해 소개되었고, 성동구청도 이 흐름을 유심히 관찰했다.

이 해외 사례는 단절된 공간에 창업과 커뮤니티가 결합된 도시 플랫폼을 조성해 새로운 보행 동선과 창의적 생태계를 만들어냈다는 점에서 성수동이 직면한 과제와 놀랍도록 닮아 있었다. 성동구는 이러한 외국 사례를 보면서 단순한 모방하는 것이 아니라, 성수동 고유의 맥락을 바탕으로 그 철학을 '성수 방식'으로 재해석하고 실현할 수 있겠다는 확신을 얻게 되었다.

그리고 바로 그러한 실험의 과정에서 성동구는 중요한 교훈을 얻었다. 청년이 머무는 도시를 만들기 위해서는 공간 재생만으로는 충분하지 않고, 다음 세 가지의 보다 본질적인 원칙이 필수적이라는 점을 체감하게 된 것이다.

첫째, 경험 선택지를 다양하게 만들어야 한다. 청년들은 새로운 것에 민감하게 반응하며, 이들의 도시 경험은 단순한 소비를 넘어 삶의 진로와 직결된다. 도시의 거리는 청년들이 선택할 수 있는 다양한 경제활동과 문화, 사회적 실험의 기회로 가득 차야 한다. 이는 청년 개인의 자아실현뿐 아니라, 지역과 국가 전체 발전을 위한 중요한 기반이 된다. 다양한 경험 자원이 압축적으로 배치된 도시 공간 속에서 청년들은 자신이 가진 적성과 재능을 효과적으로 발견하고, 이를 바탕으로 자신의 삶을 개척하며 공동체에 기여하는 인재로 성장할 수 있다.

둘째, 다양한 장소와 기회들이 단절 없이 이어져야 한다. 다양한 경험 자원이 흩어져 있는 도시 내에서, 그 자원들이 끊임없이 연결되어야 청년들의 활동이 활력을 띨 수 있다. 이는 물리적 보행 동선뿐 아니라, 사회적, 기능적 흐름의 연속성이 보장될 때 비로소 도시의 네트워크가 유기적으로 작동하게 됨을 의미한다. 이는 개인의 활동성 확보뿐 아니라, 도시 경제 전체의 활력에도 직결되는 문제다. 다양한 활동들이 단절 없이 도시 공간 안에서 순환될 때 지역 경제는 활성화되고, 도시는 지속가능성을 확보할 수 있다.

셋째, 오픈 스페이스를 만들고 유지해야 한다. 도시 공간이 특정 주체에 의해 독점되면, 다양한 사람과 자원이 모이기 어려워진다. 청년, 창작자, 소상공인, 그리고 지역 주민 모두가 자유롭게 접근할 수 있는 개방형 공간, 즉 오픈 스페이스가 있어야만 도시의 진정한 역동성이 유지된다. 도시란 본래 다양한 사람들이 모여 각자의 지식과 재능을 교환하며 혁신을 창출하는 공간이다. 오픈 스페이스의 결핍은 도시의 다양성과 창의성을 저해하고, 궁극적으로 도시의 경쟁력을 약화시킨다. 따라서 성수동처럼 열린 공간이 확보되고 모두에게 공유되는 구조야말로 청년이 머무는 도시의 필수 조건이다.

틈새에서 시작해 스스로 '미디어'가 되다

과거 성수동은 서울의 '끝 동네', 즉 도시 계획의 맨 끝자락에 배치된 '도시의 뒷마당' 같은 존재였다. 서울 강북의 도심과 새롭게 성장한 강남 도심 사이에 위치했지만, 두 도심이 공유하는 고급 인프라나 세련된 도시 이미지는 찾아보기 어려웠다. 대신 삼표레미콘 공장 같은 대규모 도시 기반시설과 제조시설이 집중된 구역이었다. 도시에는 필요했지만, 시민들은 기피했던 공간이었기에 부동산 가격은 낮고 그 속에 잠재된 기회가 있었다.

그러나 기회는 언제나 '틈새'에 존재하며, 성수는 바로 그 틈새였다. 낡은 벽돌 창고, 버려진 공장, 저렴하지만 넓은 공간들이 이곳의 특징이었다. 어느 시점부터 젊은 창작자들이 이 공간들을 찾기 시작했다. 처음엔 소수의 인원이 버려진 창고를 리모델링해 스튜디오로 활용하고, 철골 구조물을 배경으로 촬영하며, 낡은 가구와 벽돌 질감을 살려 전시를 열었다. 그들은 누구의 인허가를 받지도, 보조금을 신청하지도 않았다. 조용하게 도시를 재정의했다. 성수동의 초기 재생은 행정 주도가 아닌, 틈새에서 기회를 발견한 젊은 창작자들에 의해 시작되었다.

이러한 흐름에 대림창고, 자그마치, 할아버지 공장 같은 복합문화공간들이 합류하며, 실험과 기획, 전시와 소비가 어우러진 도시적 이벤트의 플랫폼으로 발전했다. 골목에는 감각적인 카페와 편집숍이 늘어났고, 하루가 다르게 사람들의 동선이 바뀌기 시작했다. 누군가에게 성수동은 여전히 낡고 어수선한 동네였지만, 다른 누군가에게는 그 어수선함이야말로 가장 창조적인 실험장이자, 거칠지만 유연하고, 불확실하지만 가능성으로 가득 찬 도시로 인식되었다.

2010년대 후반부터는 성수동에 패션 기업들이 들어오기 시작했다. 그들은 단순한 판매 공간이 아닌, 콘텐츠 제작과 커뮤니티 형성을 위한 플랫폼을 구성했다. 예컨대, '아더에러'는 성수에 전시장과 매장을 겸한 공간을 열었고, '마뗑킴'은 쇼케이스형 편집숍을 통해 브랜드 세계관을 시각화했다. 이들은 단순한 로컬 상점이 아니라, 디지털 플랫폼에서 확산될 콘텐츠의 근거지로서 성수를 활용했다. 인스타그램, 유튜브, 틱톡 등에서 재생산되는 이미지들은 성수를 도시가 아닌 미디어로 만들었다.

성수동은 어느새 하나의 브랜드가 되었다. "요즘 성수 어때?"라는 말은 하나의 문화 탐색 신호가 되었고, "성수에서 한다"라는 표현은 트렌디함을 나타내는 코드가 되었다. 사람들은 이 도시에 대해 더 이상 설명을 요구하지 않고, 각자 성수가 무엇인지를 해석하니 그 해석들이 모여 도시의 의미를 확장시켰다.

그 결과, 성수는 공간 브랜딩과 콘텐츠 생산의 중심지

EQL 성수는 현대백화점 패션 계열사 한섬이 운영하는 대규모 편집숍으로, 신진 디자이너 브랜드들이 오프라인 고객을 만나는 기회를 제공한다.

가 되었다. 카페와 쇼룸, 전시장과 편집숍은 브랜드의 정체성을 시각적으로 구현하는 무대가 되었고, 자연스럽게 ICT, 패션, 전시, 영상제작 등 다른 산업 간 접촉이 생겼다. 성수동에서는 공학이 패션을 만나고 전시가 되고, 2018년 성수동에 자리 잡은 구독자 120만 명의 유튜브 채널 '긱블'은 성수동 거리에서 1억 원의 로봇 개를 산책시키거나 성수동의 작은 공장들과 협업해 수십만 뷰의 영상을 제작하기도 한다. 계획과 행정으로 만들어낼 수 없는 유기적 클러스터였다. 누구도 명확히 정의하지 않았지만 모두가 이해하는 '성수 스타일'이라는 감각이 형성되었다.

이러한 변화에 힘입어 마침내 대기업들이 움직였다. SM엔터테인먼트, 현대글로비스, 쏘카, 무신사 같은 엔터테인먼트, 물류, 모빌리티, 뷰티·패션 산업의 대기업과 유니콘 기업들이 성수에 들어왔다. 이는 단지 본사를 옮긴 것만 의미하는 게 아니라, 성수가 가진 창조성과 감도를 내재화하려는 시도였다. 결과적으로 성수동은 단순한 건물과 사람의 유입을 넘어, 성수와 접속하며 기업의 가치와 정체성을 재정립하고 브랜드 혁신 및 확장을 이루는 장소가 되고 있다.

성수는 도시 마케팅의 결과가 아니다. 마케팅은 자신의 상품성을 입증해야 하지만 브랜드는 자신의 가치를 스스로 증명할 필요가 없다. 이미 그 브랜드 가치가 공유되었기 때문이다. 성수동의 도시 공간은 곧 콘텐츠가 되고,

골목은 메시지가 된다. 즉 동네 자체가 하나의 미디어인 셈이다. 그 어떤 정책과 도시 브랜딩도 이 도시가 스스로의 가치를 창출한 것을 따라갈 수 없었다. 성수는 스스로 브랜드가 되었고, 사람들은 그 브랜드를 각자의 방식으로 해석하며 확장하고 있다.

이제 성수는 단순히 서울의 여러 동네 중 하나가 아니다. 삶과 일, 감각과 기획, 과거와 미래가 동시에 숨 쉬는 도시가 되었다. 자신이 어떤 도시인지 애써 설명하지 않아도 되는 도시로서, 성수는 어느덧 그 자체로 이해받는 동네가 되었다. 걷는 이마다 저마다의 감각으로 성수동을 받아들이고, 머무는 이마다 자신만의 경험을 덧입히며, 그렇게 만들어진 기억들이 자연스럽게 '성수'라는 이름을 채워가고 있다.

도시 정책이 단지 외형을 바꾸는 일에 그치지 않고, 그곳을 살아가는 사람들의 일상과 관계, 감정을 다듬어가는 과정이라면, 성수동은 지금 그 가능성을 확실하게 증명하고 있다.

팝업시티 성수의 미래

3

팝업시티의 두 얼굴: 기회와 위기

성수동의 골목은 이제 주말과 평일 구분 없이 사람들로 붐빈다. 성수역 3번 출구를 나와 연무장길로 접어들면, 양옆에 늘어선 팝업스토어들이 시선을 사로잡는다. 매장 앞에는 'OO일 한정'이라는 문구가 적힌 현수막이 걸려 있고, 입구에는 긴 줄이 늘어섰다. 예를 들어, 인텔 팝업에서는 방문객이 AI 신분증을 발급받고 곧바로 맞춤형 티셔츠를 제작하는 경험을 제공하며, 인근 패션 브랜드는 단 2주 동안만 운영하는 쇼룸을 열어 신제품을 선보인다. 한 대학생 방문객이 "아침 일찍부터 달려왔다. SNS에서 보고 꼭 와보고 싶었다"라고 언급한 것처럼, 성수 팝업은 오늘날 상당한 영향력을 지니고 있다.

    성수의 팝업은 단순한 판매 공간을 넘어선다. 한정된 시간과 공간 속에서 브랜드의 이야기를 오감으로 체험하게 한다. 프로젝트 렌트가 운영하는 6.5평 남짓한 작은 공간에는 짧은 기간 동안 1만 명이 넘는 방문객이 다녀갔고, 그 절반 가까운 인원이 실제 구매까지 하는 성과를 보였다. 우보농장은 매장 한쪽에 토종 벼 패키지와 전통 농기구를 들여놓아 도시 한복판에서 농촌의 분위기를 느낄 수 있게 했고, 가구 브랜드는 목재 향과 손때 붙은 공구를 전시하여 제작 과정을 생생하게 보여주었다. 또한 뷰티 브랜드는 실험실 콘셉트의 공간에서 방문객이 직접 원료를 배합하여 시제품을 만들어보도록 했다. 이처럼 서로 다른 콘셉트의 팝업이 골목마다 등장하면서 성수 전체가 하나의 거대한 체험 전시장처럼 변모했다.

전문가들은 팝업의 본질은 공간이 아니라 콘텐츠라고 말한다. 최원석 프로젝트 렌트 대표가 "매장이 얼마나 예쁜가보다 전달하고 싶은 콘텐츠와 메시지가 명확한지가 훨씬 더 중요하다"라고 말한 것처럼, 성수의 팝업은 단순한 판매가 아니라 브랜드와 사람을 연결하는 플랫폼이 된다. 희소성과 특별한 경험은 팬덤을 만들고, 한정된 시간과 장소에서만 가능한 경험은 사진과 영상으로 기록되어 SNS를 통해 확산되며 성수를 끊임없이 재해석하고 확장시킨다.

이러한 팝업 생태계는 다양한 주체에게 기회를 제공한다. 대기업과 글로벌 브랜드에게 성수는 마케팅·브랜딩 실험의 전진기지다. 무신사, 젠틀몬스터, 크래프톤 등의 기업들은 본사 인근에서 신규 브랜드나 협업 상품을 팝업 형태로 선보이며 소비자 반응을 실시간으로 수집한다. 동시에 성수의 팝업은 소규모 기업과 스타트업에도 중요한 진입 발판이 된다. 단기 임대와 저비용 운영이 가능해 초기 자본이 부족한 기업들도 쉽게 시장에 들어설 수 있고, 공공팝업 공간과 민간 플랫폼을 통해 매출뿐 아니라 투자자와 협력사 네트워크를 확보할 기회를 얻는다.

또한 브랜드 교체 주기가 짧은 팝업은 상권이 특정 업종이나 대기업 위주로 고정되는 것을 방지한다. 매번 다른 브랜드와 콘셉트가 등장해 소상공인, 중소기업, 창작자가 골고루 소비자와 만날 수 있고, 젠트리피케이션으로 인한 획일화를 완화한다. 새로운 브랜드가 지속적으로 유입되면 방문객의 재방문 이유가 생기고, 이는 소비와 고용이 활발해지는 결과로 이어진다.

참여 주체가 다양할수록 상권은 '대기업 위주'로 쏠리지 않고 다층적인 경제 구조를 형성한다. SNS는 이러한 과정을 가속화하여, 팝업에서 촬영된 이미지와 영상은 해당 브랜드뿐 아니라 '성수'라는 지리적 브랜드 가치까지 높인다. 성수가 '트렌드 발신지'로 자리 잡으면서 해외 진출을 준비하거나 새로운 시장에 도전하는 기업들이 런칭 이벤트를 위해 성수를 찾는 사례가 증가하고 있다.

그러나 성수동의 팝업 열풍이 마냥 긍정적인 모습만을 보여주는 것은 아니다. 빠르게 교체되는 팝업과 몰려드

가나초콜릿 팝업스토어의 성공 이후 대기업들이 본격적으로 성수동 연무장길에 진입하기 시작했다.

는 방문객은 지역 내외부에서 우려를 낳고 있다. 무엇보다 임대료 상승이 가장 큰 문제다. SNS를 통해 단기간에 주목받은 공간은 곧바로 높은 임대료를 요구받으며, 이는 주변 임대료를 끌어올리는 견인차 역할을 한다. 또한 건물주들이 안정적인 장기 임대보다는 공실이 있어도 더 높은 수익을 기대할 수 있는 단기 팝업 임대를 선호하면서, 오랫동안 자리를 지켜온 소상공인과 장인들이 밀려나는 현상이 발생하고 있다.

또한 팝업을 계기로 성수를 찾은 방문객이 결국 대기업이 운영하는 브랜드 매장에서만 소비하는 경우도 적지 않다. 이는 지역상권의 다양성을 훼손하고 '핫플레이스'로서의 신선함마저 빠르게 소모시킬 위험을 안고 있다. 환경문제도 만만치 않다. 짧은 기간 운영 후 철거되는 팝업의 특성상, 매장 인테리어 자재와 홍보물, 포장재 등 대량의 일회성 폐기물이 발생한다. 인기 팝업 앞에 길게 늘어선 대기 줄과 인파는 인근 골목의 보행 동선을 방해하며, 쓰레기와 소음, 주차 문제를 유발한다. 일부 주민들은 "동네가 축제 현장처럼 북적이는 건 좋지만, 일상생활이 어려워질 정도"라고 토로한다.

성동구청의 역할

성동구는 팝업 열풍이 초래하는 부작용을 방치하지 않고, 좋은 흐름을 유지하고 부정적인 측면을 예방하기 위한 다각적인 대책을 마련하여 추진하고 있다. 가장 먼저 손을 댄 것은 임대료 문제였다. 인기 상권에 팝업스토어와 방문객이 몰리면 임대료가 급등하고, 이는 오랫동안 자리를 지켜온 소상공인이나 창작자들이 떠날 수밖에 없는 상황을 만든다. 성동구는 이를 막기 위해 건물주와 세입자가 상호 협의 하에 임대료를 무리하게 올리지 않겠다는 '임대료 안정 협약'을 꾸준히 확대해왔다.

더불어 특정 구역 내 대기업과 프랜차이즈의 무분별한 입점을 제한하는 정책을 추진하고, 이후 상권 모니터링과 관리를 위해 지속가능발전구역의 범위를 전략정비구역 등을 제외한 성수동 전역으로 확대했다.

성동구는 이 조치를 통해 단기 유행에만 기대는 상권 재편을 막고, 지역에서 뿌리내린 로컬 브랜드들이 안정적으로 사업을 이어갈 수 있는 환경을 지키고자 했다.

환경 관리에도 힘을 쏟았다. 팝업 운영 시 분리배출과 재활용을 의무화하고, 청소 인력을 확충했다. 인기 팝업이 몰린 구역에는 쓰레기통을 추가 배치하고, 질서 유지를 위한 단속반을 운영해 보행 및 교통 혼잡을 최소화했다.

초단기 임대에 대한 규제도 신중히 검토했다. 이미 상권이 활성화된 지역에서 경쟁적으로 단기 임대(팝업)가 증가하는 현상은 전 세계적으로 성수동이 유일하다는 전문가들의 의견이 있었다. 그러나 팝업을 부동산 임대 시장이 아닌 '홍보 시장'의 관점에서 바라봐야 한다는 의견과, 규제로 접근할 경우 팝업이 가져오는 긍정적인 영향을 반감시킬 수 있다는 우려도 제기되었다. 이에 성동구는 규제를 통해 직접적으로 제한하기보다는, 성수동 내 다양한 유휴공간을 활용하여 콘텐츠가 소개될 수 있도록 계획했다. 성수동 자체가 하나의 '광고판' 역할을 하고 있으므로, 굳이 비싼 임대료를 내지 않아도 팝업을 진행할 수 있는 공간이 다양하다면 건물주가 높은 임대료로 팝업을 내놓을 유인이 줄어들 것이라는 분석이다. 이는 민간보다 저렴한 가격에 주택을 공급하여 시장에 가격 조절 효과를 주는 공공주택 모델과 유사한 접근 방식이다.

이에 성동구는 민간이 주도하는 팝업 열풍 속에서도 누구나 시도할 수 있는 '공공의 무대'를 만들 필요가 있다고 판단했다. 그렇게 탄생한 것이 공공팝업이다. 뚝섬역 인근에 위치한 이 건물 1층에는 공공이 직접 운영하는 팝업 공간이 마련되어 있다. 임대료나 초기 시설비 부담으로 시도조차 어려웠던 신생 브랜드, 로컬 창작자, 소규모 제조업체들이 이곳에서는 마음껏 실험할 수 있다.

운영 방식도 단순히 공간만 빌려주는 수준을 넘어선다. 2층에는 회의실과 네트워킹 라운지가 있어 참여 브랜드들이 서로 만나 경험을 나누고 협업을 모색할 수 있다. 공간을 꾸미는 집기나 전시 구조물은 재사용이 가능한 모듈형으로 설계했다. 최근 다양한 종류의 팝업 행사가 열리고 있는 연무장길 인근에 구가 확보한 50여평의 공간도

뚝섬역 4번 출구 앞에 위치한 성수 공공팝업 공간. 신생 브랜드나 로컬 창작자들이 저렴한 비용으로 시장 테스트 등을 할 수 있도록 지원한다.

공공팝업으로 마련했다.

    이 공공팝업은 단순히 저렴한 공간을 제공하는 사업이 아니다. 창작자가 성수 한가운데서 소비자를 직접 만나고, 현장에서 들은 반응을 제품과 서비스에 바로 반영하는 실험장이자 성장 무대다. 하루에도 여러 번 가격, 디자인, 서비스 방식을 조정하며 시장의 변화를 시험한다. 그 과정에서 다른 브랜드와의 협업이 자연스럽게 이뤄지고, 투자자와 미디어가 찾아와 새로운 기회를 만든다.

    결과적으로 공공팝업은 성수동을 찾는 사람들에게는 새로운 경험을, 도전하는 이들에게는 현실적인 발판을 제공하며, 상권의 다양성과 생명력을 지켜내는 중요한 장치로 자리 잡게 될 것이다. 이를 위해 성동구는 공간 제공에 더하여 운영 노하우, 전문가 컨설팅, 데이터 분석 등을 지원하며 로컬 창작자와 스타트업이 '성수'라는 브랜드 자산에 접속하고, 이를 발판 삼아 더 큰 시장으로 도약하는 흐름을 만들고자 한다.

성동구의 정책과 지원은 팝업스토어가 만들어내는 흐름을 일시적 유행이 아닌 지속가능한 구조로 정착시킬 것이다. '팝업→방문객 유입→상권 활성화→브랜드 노출 및 테스트→기업 유치 및 활동 확대'로 이어지는 이 순환 고리가 행정의 뒷받침과 맞물리며, 앞으로도 성수의 경쟁력과 지속성을 지탱할 핵심 축이 될 것이다. 이를 통해 성수는 오래된 공장과 새로운 팝업이 나란히 선 골목에서, 과거와 미래가 공존하며 끊임없이 진화하는 창의적 산업 클러스터로 성장할 것이다.

물길을 터주는 도시 정책

성수동의 발전에서 성동구의 역할은 언제나 '물길을 터주는 것'이었다. 물은 스스로 흐를 방향을 알고 있다. 행정의 본질은 그 물이 흐르고자 하는 방향을 막지 않으면서 제때 물꼬를 터주고 유속을 조절하며 가뭄과 범람을 예방하는 일에 있다. 물이 흐르지 않는 곳에 억지로 물길을 내면, 오히려 홍수나 침수 같은 재난을 초래할 수 있듯이, 도시 정책도 마찬가지다.

성수동 서울숲길 인근 골목 풍경. 성동구의 '붉은 벽돌 건축물 지원' 정책을 통해 조성된 이 경관은 성수동의 정체성을 보여주는 요소 중 하나다.

후진국이나 중진국에서는 공공기관이 드라마의 주연배우 역할을 할 수 있지만, 선진국에서는 민간이 주연이고 공공은 그 주연을 빛내주는 조연의 역할이 바람직하다. 그럼에도 불구하고 우리 사회의 많은 공공기관은 여전히 주연 강박에 사로잡혀 조연이 극을 이끌겠다고 나서며 드라마를 망치는 경우가 많다.

이러한 관점에서 성동구는 자신이 조연임을 한시도 잊지 않았다. 진정한 주연배우는 언제나 성수동에 살아가는 사람들, 특히 청년들이라고 믿었다. 성동구는 그 청년들이 성수동에서 막힘없이 활동할 수 있도록 돕는 데 주력했다. 도시의 생명력은 사람에게서 비롯되며, 그 생명력이 막히지 않게 물길을 잇는 일이 구정의 핵심이라 판단했기 때문이다.

이러한 인식하에 성동구는 성수동에 조성된 흐름을 지키고 살려내기 위해 여러 이해관계자를 설득하고, 이미 예정되어 있던 재개발 계획을 취소하며 도시재생 정책으로 방향을 전환했다. 물리적 철거와 정비가 아닌, 도시의 기억과 정체성을 보전하며 서서히 진화하는 도시를 만드는 것이 성동구가 그리는 성수동의 모습이었다.

이를 위해 추진된 정책 중 하나가 '붉은 벽돌 건축물 지원' 정책이다. 성수동의 정체성과 집단 기억이 스며든 붉은 벽돌 건축물들을 단순 보존이 아닌, 감각적으로 보전하고 재해석함으로써 도시 디자인의 연속성과 장소감을 유지하고자 했다. 공공 건축물뿐 아니라 민간 건축물까지 붉은 벽돌 리뉴얼을 장려하며, 도시 전체가 하나의 상징적 경관을 이루게 되었다.

이와 함께 성수동 지역에 유입되는 투기 자본으로부터 공동체의 지속가능성을 지켜내기 위해 '젠트리피케이션 방지' 정책도 추진했다. 부동산 가치 상승이 공동체의 붕괴로 이어지지 않도록, 상생협약과 안심상가 제도, 지속가능발전구역 지정 등 다양한 제도적 장치를 통해 성수의 감각을 지키고자 했다. 도시의 감각은 사람에게서 나오고, 그 사람들이 밀려나면 감각은 금세 사라지기 때문이다.

또한 삼표레미콘 공장의 이전을 8년간 일관되게 추진하며, 서울숲이 온전히 기능할 수 있는 기반을 마련했다. 서울숲은 단순한 공원이 아니라 도시 문화의 중심지로 거듭나기 위한 실험의 무대였다. 이를 위해 공장을 밀어내는 대신 대체 부지를 확보하고 지속적인 협의를 이어간 일련의 과정은, 공공이 책임 있게 도시 전환을 이끈 모범 사례로 남을 것이다.

지금 성수동은 마치 발전의 정점에 서 있는 듯하다. 하지만 도시가 진정으로 강해지는 순간은 지금처럼 주목받을 때가 아니라, 위기가 닥쳤을 때 이를 이겨내고 다시 일어설 수 있는 회복탄력성을 갖췄을 때다. 기후위기, 인구위기, 경제위기 등 다양한 충격 속에서도 흔들림 없이 버텨낼 수 있는 기반을 지금부터 준비해야 한다.

도시의 지속가능성, 디트로이트와 빌바오의 교훈

20세기 미국 산업화의 상징이자 세계 최대 자동차 생산도시였던 디트로이트의 사례는 중요한 교훈을 제공한다. 디트로이트는 자동차 산업에 대한 과도한 의존, 인종 갈등과 인구 유출 문제로 인해 도시 전체가 빠르게 쇠퇴했다. 게다가 홍수, 폭염과 같은 자연재해에 대비하고, 회복하는 능력도 취약했다. 결국 2013년 미국 도시 사상 최대 규모의 파산을 선언하기에 이르렀다. 디트로이트는 '성장의 영광'이 '회복의 탄력성'으로 이어지지 못한 대표적 사례로 남았다.

반면, 유사한 위기 앞에서 새로운 방식으로 회복한 도시들도 있다. 스페인의 빌바오는 1980년대 후반까지 조선 및 철강 산업의 붕괴, 심각한 환경 오염, 높은 실업률로 인해 몰락의 길을 걷고 있었다. 그러나 1990년대 이후 '문화와 디자인 중심 도시'로의 전환을 선언하고, 구겐하임 미술관 유치, 강변 재개발, 대중교통 및 공공 공간 개선 등 대규모 도시재생 프로젝트를 추진했다. 이 전략은 관광과 창조 산업을 성장 동력으로 삼아 빌바오를 쇠퇴해가는 산업도시에서 세계적으로 사람들이 찾는 문화도시로 변모시켰고, 도시재생의 대표적인 성공 사례로 자리매김했다.

이 두 도시의 차이는 단순한 자본력이나 외부 투자에만 있지 않았다. 그보다 더 중요했던 건 도시의 미래를 위해 시민들이 '무엇이 소중한가', '어떤 도시를 만들고 싶은가', '누구를 위한 발전인가?'에 대해 함께 고민하고 공감대를 만들었는지의 여부였다.

지속가능성은 더 이상 몇몇 선각자들의 구호가 아니다. 전쟁, 기후 변화, 인구 문제처럼 전 세계가 심각한 위기에 부딪히면서, 이제 지속가능성은 우리 사회 모두가 공감하고 함께 지켜야 할 중요한 가치가 되었다. 이런 시대의 흐름에서 기업도 예외가 아니다. 이제 소비자들은 기업이 지속가능성이라는 가치를 얼마나 중요하게 여기고, 그것을 위해 얼마나 노력하는지에 따라 그 기업을 평가하고 선택한다.

성수동이 지금껏 도시재생과 사회적 경제, 청년 창업, 공간의 공공성을 등을 통해 축적해온 다양한 실험들은 단순한 도시 미화나 일시적 활력에 그치지 않는다. 이 실험들이 앞으로도 지속될 수 있으려면, 성수는 '뜨는 동네'를 넘어서 '버티는 도시', '회복하는 도시', '함께 사는 도시'로 나아가야 한다.

현재 정점에 섰다고 해서 안심할 수는 없다. 도시가 지속가능하기 위해서는 인기와 유행 너머의 구조를 갖춰야 한다. 지금은 주목받고 있지만, 시간이 지나면 성수동 역시 새로운 시험대에 오르게 될 것이다. 이러한 인식을 바탕으로 성수동은 이미 조용한 전환을 시작하고 있었으며, 성동구는 이를 정책적 언어로 정리하고 전략으로 구체화하기 시작했다. 그 핵심이 바로 ESG 기반의 도시 행정이다.

E+ESG, 성수동의 다음 전략

ESG는 환경Environment, 사회Social, 지배구조Governance의 약자로, 본래 기업의 지속가능성을 평가하는 글로벌 기준이었으나, 오늘날에는 기업을 넘어 도시와 지역에도 적용되는 새로운 패러다임이 되었다. 기후위기, 인구위기, 사회 불평등과 같은 전 지구적 위기를 마주한 현재, 도시는 더 이상 단순한 공간이 아니라 공동의 책임을 실천하는 주체가 되어야 한다. ESG는 이러한 책임을 평가하는 하나의 지표이자, 실천 프레임이다. 이러한 흐름은 세계 여러 도시에서도 나타나고 있다. 네덜란드의 암스테르담은 2020년 '도넛 경제' 모델을 도입하며, 환경과 사회의 균형을 도시 정책의 중심에 놓았다. 탄소중립과 자원순환, 불평등 해소를 동시에 추구하는 이 모델은 도시 차원에서 ESG 철학을 구현한 대표적 사례로 꼽힌다. 암스테르담은 ESG를 단순한 평가지표가 아닌, 시민, 기업, 행정이 함께 관리하고 실천하는 도시 운영의 공통 언어로 전환했다.

독일 프라이부르크 또한 에너지 자립 주거지 조성, 시민참여형 도시 계획, 사회적 약자를 포용하는 주택 정책 등을 통해 환경·사회·거버넌스를 통합적으로 실현하고 있다. 도시 전체를 하나의 ESG 실험장으로 삼아, 정책이 물리적 공간과 일상 속에서 작동하도록 설계했다.

성동구는 이처럼 새로운 가치 질서에 성수동의 기업과

사람들이 선제적으로 적응할 수 있도록, '물길을 트는 일'로서 ESG 행정을 구상했다. 특히 기존의 ESG에 경제^{Economy}를 덧붙인 'E+ESG' 정책 프레임을 채택했는데, 여기서 E는 단순한 경제 성장이 아닌, 지역 안에서 지속적으로 선순환하는 경제 생태계를 창출하겠다는 의지를 담고 있다.

2025년 성동구 E+ESG 보고서에 따르면, 성동구는 총 4개 분야 21개 주제, 83개 지표를 중심으로 경제·환경·사회 전반에서 지역 기반의 지속가능한 정책을 추진하고 있으며, 주민·기업·공무원이 함께 참여하는 협치형 공공사업을 강화하고 있다.

이 4대 분야는 경제, 환경, 사회, 거버넌스 분야로 구성되어 있으며, 구체적인 지표는 다음과 같다.

분야	세부 지표
경제	일자리 증가율, 고용률, 취업자 수, 1인당 GRDP, 창업 기업 수 등
환경	탄소배출량, 미세먼지 농도, 녹지율, 폐기물 재활용률 등
사회	아동돌봄 만족도, 고령친화도시 지표, 사회서비스 수혜율, 복지예산 비중, 돌봄노동자 지원, 공공보건 안전지표 등
거버넌스	주민참여 예산 비율, 공공정보 개방률, 행정투명성 만족도 등

구체적인 지표로는 폐기물 자원순환, 녹지 확충, 아동 돌봄, 투명한 행정, 공공데이터 기반 정책 운영 등이 대표적이다. 이러한 접근은 단순한 도시 미화나 복지 지원에 그치지 않고, 도시 브랜드의 지속가능한 성장 기반을 다지는 데 목적이 있다.

실제로 도쿄 시부야구는 공공 디자인과 생활 폐기물 분리수거 시스템을 결합하여 '정돈된 감성 도시'라는 브랜드를 구축했다. 쓰레기통이 없는 거리에서도 시민의 참여를 유도하고, 분리배출률을 시각적으로 보여주는 가이드 시스템을 통해 도시의 질서와 창의성이 공존하는 이미지를 형성했다. 이로 인해 시부야는 유흥과 소비로 대표되는 이미지를 넘어 공공성과 미적 감각이 어우러진 도시로 인식되기 시작했다.

한편 헬싱키는 공공데이터 기반 정책 운영을 통해 '투명한 도시 행정'이라는 브랜드 자산을 구축했다. 시민 누구나 도시 에너지 소비, 교통 흐름, 예산 지출 정보를 실시간으로 열람할 수 있도록 개방함으로써, 행정의 신뢰를 도시 브랜드 가치로 전환했다. 이 데이터 기반 행정은 스타트업과 디자이너, 시민 활동가들에게도 다양한 실험의 토양을 제공하며, 도시 전체의 창의 생태계를 촉진시켰다.

이와 같은 사례는 성수동에도 시사점을 준다. 성동구청은 관성적으로 도시 기반을 정비하는 수준을 넘어서, 도시의 정체성과 브랜드 가치를 높이기 위한 방향으로 행정

성수동에서 가장 유동 인구가 많은 거리 중 하나인 성수이로에서 펼쳐진 도시 실험 '플레이스 메이킹' 모습이다.

을 설계해왔다.

'제로웨이스트 성수' 프로젝트는 폐기물 자원순환을 단순한 환경 정책이 아니라, 성수동 로컬 상점과 공방, 디자이너 브랜드가 '지속가능한 창작'을 실천하는 상징으로 전환시킨 사례다. 성동구는 리필 스테이션, 다회용기 회수 인프라, 친환경 포장 재료 보급 사업 등을 통해 생산자와 소비자가 함께 도시의 자원순환에 참여하도록 유도했고, 이 과정에서 성수의 친환경 감수성이 성수만의 지역 미학으로 정착되기 시작했다.

2022년부터 본격화된 '스마트 성동' 정책은 공공데이터 기반 도시 운영의 대표적 실험이었다. 공업 지역이었던 성수동 골목의 온도, 미세먼지, 보행 흐름, 상권 밀도 등의 데이터를 실시간으로 분석하고, 이를 바탕으로 공유 주방, 소셜벤처 창업, 버스킹 허가제 등의 공간 정책이 보다 정교하게 작동할 수 있도록 했다. 이 과정에서 성수동은 단순히 사진 찍기 좋은 '감성적인 동네'만이 아니라, 데이터에 기반한 실험적 도시 운영이 가능한 첨단도시의 이미지도 함께 가지게 되었다.

이처럼 행정이 물러서지 않고, 일상의 감각과 실천의 흐름 속에서 조율자 역할을 수행할 때, 도시 브랜드는 비로소 지속가능한 기반 위에 서게 된다. 성수동의 기업, 예술가, 크리에이터들이 ESG 경영과 창의적 실천을 통해 각자의 브랜드 가치를 확장하고, 성수 전체의 도시 브랜드가 동반 성장하는 구조를 형성하는 것이 성수동 도시 전략의 다음 단계를 열어가는 열쇠다. 기업, 예술가, 크리에이터들이 새로운 사회적 요구와 환경 변화에 부응하며 각자의 브랜드 가치를 확장해 나갈 수 있도록 돕는 것이 성수동 도시 브랜드의 지속가능성을 담보하는 길이라 믿는다.

정점에서 꺾이지 않는 도시, 위기를 흡수하고 새로운 균형을 만들어낼 수 있는 도시, 단지 핫한 동네가 아니라 오랫동안 사랑받는 동네. 성수는 이제 그 다음 이야기를 시작해야 하며, 성동구는 여전히 조연으로서 그 무대를 지켜갈 것이다.

성수동표 도시재생의 시작,
특별계획구역 해제

4

'특별계획구역'이란 무엇인가

2005년 서울숲이 조성된 이후, 성수동에는 사회적 경제조직, 예술문화 단체, 지식산업 스타트업들이 유입되기 시작했다. 그러나 동시에 낙후된 주거 환경과 경기 침체로 인해 슬럼화 우려도 제기되었다. 서울시는 이러한 문제를 해결하고자 성수동 일부를 특별계획구역으로 지정했고, 뚝섬역 일대에는 대규모 주거복합단지 개발을 전제로 한 지구단위계획을 수립했다.

그런데 바로 이 시기, 성수동에서는 이전에 경험하지 못했던 새로운 변화가 자생적으로 시작되고 있었다. 구두 공장과 금속 인쇄소가 즐비했던 낡은 준공업지대에서, 젊은 창작자들이 자발적으로 모여들어 스스로 계획하고 추진하며 도시 공간을 재구성하고 있었던 것이다.

거리와 거리 사이의 공간에서 다양한 실험이 전개됐고, 이는 점차 선으로 이어지고 면으로 채워지며 도시 전체의 새로운 흐름을 형성할 조짐을 보였다. 처음 신호는 미약했지만 분명한 징후였고, 곧 현상이 되고 대세로 확장되면서, 결국 도시 정책의 방향을 바꾸는 중요한 계기가 되었다. 그 변화의 출발점은 '특별계획구역 해제'라는 상징적인 선택이었다.

'특별계획구역'이란 서울시가 도시 내 특정 지역에 대해 보다 체계적이고 집중적인 개발을 유도하기 위해 설정하는 구역을 의미한다. 일반적으로 대규모 아파트 단지나 복합개발이 예정된 지역에 적용되며, 이 구역 안에서는 용적률, 건폐율, 높이, 도로, 공원 등의 도시 계획 요소들이 일반 구역보다 더 엄격하게 통제되고, 개발 사업은 통상적인 허가 절차를 따르기보다 도시 전체의 정비계획에 따라 추진된다. 쉽게 말해, 한 지역을 '새롭게 재편하기 위한 큰 틀'이 설정된 상태라고 할 수 있다.

하지만 특별계획구역의 틀은 양면성을 가진다. 어떤 지역에는 새로운 활력을 불어넣지만, 이미 다른 방식으로 변화하고 있는 지역에는 오히려 '개발 유예지'가 되어 자생적 변화를 가로막는 장애물이 되기도 한다. 성수동이 바로 후자에 해당하는 사례였다.

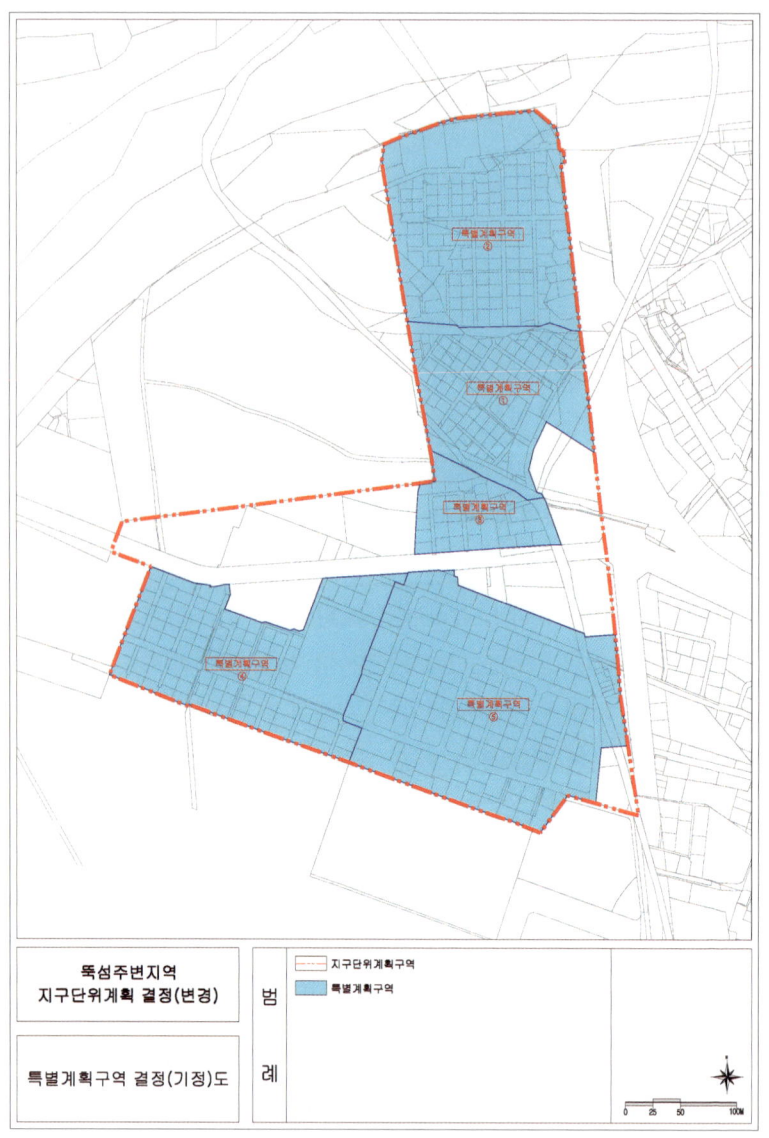

'뚝섬주변지역 지구단위계획' 특별계획구역 결정도. 서울숲 조성 이후, 뚝섬역 일대 대규모 개발을 위해 초기 설정되었던 5개의 특별계획구역을 보여준다. 이 중 3·4·5구역은 이후 성수동의 자생적 변화를 수용하여 해제되고 도시재생으로 전환되었다.

모두의 서울숲이 사유화될 위기

뚝섬역 인근에는 한때 총 다섯 개의 특별계획구역이 설정되어 있었다. 2011년 서울시의 지구단위계획 수립에 따라 지정된 구역들로, 서울숲 활성화와 연계한 대규모 복합개발을 목표로 했다. 1·2구역은 서울숲 옆 중랑천변에, 3구역은 서울숲길과 뚝섬역 사이에, 4·5구역은 서울숲길 초입부에 위치했다. 이 구역들은 저층 단독 및 다세대 주택이 밀집해 있었고, 주거 환경이 열악하다는 이유로 고밀도 개발이 예정되어 있었다.

특히 3·4·5구역은 본래 다세대 주택 중심의 저층 주거지였다. 1980~90년대에 지어진 붉은 벽돌 단독·다세대 주택이 빼곡히 들어서 있었고, 골목길은 폭이 좁아 차량 한 대가 겨우 지날 정도였다. 주택 1층이나 뒷마당에는 수제화, 가죽, 봉제 등 소규모 작업장이 함께 자리 잡아 주거와 생산이 뒤섞인 성수동 특유의 생활 풍경을 만들었다. 대로변을 벗어나면 조용하고 한산했으며, 오래된 건물과 노후한 기반시설로 인해 생활여건은 전반적으로 낙후된 상태였다. 일부 건물은 장기간 공실이거나 창고로만 사용되었고, 평일 낮에도 인적이 드물었다.

그러나 서울숲이 개장한 2005년 이후 자연스럽게 유동인구가 급증했고, 성수동 골목마다 청년 창업가, 공방, 예술 공간이 하나둘 들어서며 동네 분위기가 빠르게 변하기 시작했다. 행정상 '낙후지역'으로 규정되어 있던 성수동은

성수동 아뜰리에길의 모습. 붉은 벽돌 건물들과 개성 있는 상점들이 어우러져 성수동 특유의 분위기를 보여준다. 과거 준공업 지역의 흔적을 간직한 건물들이 리모델링되어 카페, 편집숍 등으로 활용되며 활기찬 거리 풍경을 만들고 있다.

이미 민간 주도로 재생의 흐름이 시작되고 있었고, 그 변화는 자생적이고 유기적이었다. 즉 개발되지 않았지만 이미 변화하고 있는 지역이었다.

과거 도시 정비를 위해 설정했던 '특별계획구역'은 자생적으로 변화하는 성수동의 활력과 충돌하기 시작했다. 획일적인 규제와 개발 방식이 오히려 지역 고유의 에너지를 억제하는 제약으로 작용했으며, 변화에 유연하지 못한 경직된 제도는 동네의 활기를 지키기보다 소멸시킬 위험을 키우고 있었다.

특히 서울숲을 둘러싼 일대에 예정된 재개발 계획은 대규모 고층 아파트 단지가 서울숲을 성곽처럼 둘러싸는 구조였다. 만약 이 계획이 그대로 실행된다면, 서울 시민 누구나 자유롭게 접근하고 이용할 수 있어야 할 공공 녹지 공간인 서울숲이 특정 아파트 단지의 '뒤뜰'처럼 사유화될 위험성이 높았다. 이로 인해 도시 전체의 연결성과 보행 흐름, 열린 공간으로서의 공공성이 위협받을 상황이었다.

해외에서도 공공 오픈 스페이스가 고급 주거지에 둘러싸여 사실상 사유화된 사례가 적지 않다. 영국 런던 템스 강변의 사우스뱅크 재개발 일부 구역이 대표적이다. 이곳은 원래 시민 누구나 접근할 수 있는 강변 산책로로 설계되었으나, 재개발 과정에서 고급 주거·오피스 단지가 강변을 감싸는 형태로 들어섰다. 법적으로는 공공 보행로이지만, 관리 주체가 민간 개발사로 되어 있어 경비 인력과

CCTV로 외부인의 체류가 통제되고, 사진 촬영이나 집회 등도 제한된다. 겉보기에는 개방되어 있으나 실질적으로는 입주민과 특정 이용자에게 유리한 '반半사유화 공간'으로 변질된 것이다.

　호주 시드니 바랑가루 재개발도 비슷한 문제가 있었다. 원래 항만 부지를 시민을 위한 해안 공원과 산책로로 전환하려 했으나, 해안선을 따라 늘어선 고층 주거 및 오피스 타워가 공원으로 가는 길과 바다 풍경을 모두 가로막는 벽처럼 작용했다. 건물 전면부의 녹지와 산책로는 공공 접근이 가능하지만, 건물 배치와 조경 설계가 외부인의 체류와 통과를 불편하게 만들어 해안선이 특정 고급 주거단지의 '전용 앞마당'처럼 인식되기에 이르렀다.

　이러한 사례들은 공공의 자연을 특정 집단의 전유물로 만드는 '경관의 사유화' 문제를 보여준다. 외부 접근성을 보장하는 도시 계획 장치가 미흡하면, 아무리 법적으로는 공공 부지라 하더라도 실질적으로는 고급 주거지의 '전용 공간'처럼 기능하게 된다.

　도시 경관을 소수가 독점하는 것은 시민윤리 차원의 문제를 넘어, 도시 활력을 서서히 약화시키는 요인이다. 열린 경관과 공공 공간은 다양한 사람들이 모여 교류하고 새로운 가치를 만들어내는 무대인데, 이러한 공간이 접근이 제한되고 이용자가 특정 집단으로 한정되면 외부의 발길이 끊기고 상권이 위축되며, 도시는 다채로움과 창의성을 잃고 만다. 이는 결국 한 지역을 넘어, 도시 전체의 경제와 문화적 역동성을 위협하며 창조성마저 쇠퇴시킨다.

> 거리의 분위기가 자유로워서 계속 걷고 싶어지는 도시예요. 도심 속에 큰 숲과 강가를 누리면서 살 수 있다는 것만 해도 좋은데 블록마다 있는 로컬 상점을 보면 눈을 뗄 수가 없죠. 자연스럽게 트렌드를 파악하기도 좋고 자연도 누릴 수 있다는 점이 가장 큰 매력인 것 같아요.
> ㅡ 손꼽힌(브랜드 에이전시 하티핸디 대표)

당시 특별계획구역으로 지정된 1·2구역은 이미 지역주택조합 방식의 재개발이 상당히 진척되어 있어 되돌리기 어려운 상황이었다. 하지만 3·4·5구역은 아직 초기 단계에 머물러 있었고, 정책 재검토의 여지가 충분히 존재했다. 성동구는 이 구역들에서 기존의 재개발 계획을 기계적으로 추진하기보다, 이미 나타나고 있던 도시의 변화 흐름을 수용하고 조응할 수 있는 새로운 방향을 찾아야 한다고 판단했다.

    이러한 상황 인식 속에서 성동구는 기존 도시 계획의 경직성을 완화하고, 장소성과 자생적 흐름을 존중하는 정책 전환의 가능성을 탐색하기 시작했다. 무언가를 새로 '짓는' 것이 아니라, 이미 시작된 흐름을 '살리고 이어가는' 방식의 계획이 필요했다. 이는 성수동을 단순한 정비 대상이 아닌, 살아 숨 쉬는 도시 생태계로 바라보는 관점의 전환이었다. 이러한 인식 변화를 바탕으로 성동구의 도시 정책은 '전면적 재정비'에서 '점진적 재생과 조율'로 방향을 틀었다. 이 결정은 훗날 성수동이 청년과 창작자들에게 사랑받는 도시로 성장하는 데 결정적인 발판이 되었다.

도시재생, 관찰하는 도시 정책

5

재개발과 재생, 잘못된 이분법을 넘어서

도시는 끊임없이 성장하고 쇠퇴하며, 그 속에서 사람들은 새로운 활력을 찾기 위해 도시를 되살리는 방법을 고민한다. 쇠퇴한 도시를 회복시키기 위한 방법은 크게 두 가지로 나눌 수 있다. 하나는 낡은 것을 철거하고 새롭게 짓는 '재개발', 다른 하나는 기존의 모습을 존중하며 조금씩 되살리는 '도시재생'이다.

'재개발'은 노후된 지역을 전면 철거하고, 그 자리에 고밀도 아파트 단지나 대규모 상업시설을 새로 짓는 도시정비 방식이다. 이는 경제적 효율성을 최우선으로 하여 공간을 재창조하는 방법으로, 낙후된 지역을 단기간에 성장시킬 수 있다는 장점이 있다. 20세기 경제개발기 우리나라의 많은 도시들이 '재개발'을 통해 단시간에 현대의 도시로 거듭났다. 하지만 그 과정에서 원주민이 적정한 보상 없이 강제로 이주당하고, 지역의 역사와 정체성이 사라지는 부작용도 겪어야 했다.

이와 달리 '도시재생'은 기존의 인프라, 건축, 생활문화를 유지한 채, 문화적 자산과 사회적 자본을 활용하여 점진적인 리뉴얼을 통해 도시의 생명력을 회복하는 전략이다. 때로는 오래된 골목을 복원하거나, 지역 커뮤니티를 중심으로 마을기업을 키우거나 하는 식이다. 이러한 재생은 지역 주민의 삶을 보호하고 도시의 역사적 맥락을 이어간다는 점에서, 사람 중심의 정책이라 평가받는다.

얼마 전까지 우리나라에서 도시 정책의 주류는 '재개발'이었고, 도시재생은 이에 저항하는 담론으로 유통됐다. 재개발을 '자본의 논리', 도시재생은 '도덕적 선택'으로 대립시키는 단순 이분법이 당연하게 받아들여진 것인데, 이는 매우 잘못된 이해다. 두 방식 모두 도시를 되살리는 목표 아래 존재하며, 실현을 위해서는 반드시 '돈'이 필요하다.

민간 기업에게 있어 돈이 된다는 것은 제품이나 서비스를 팔아 수익을 쌓는 것이며, 공공 정책에서 돈이 된다는 것은 공동체 내부에서 경제활동이 활발히 일어나 돈이 잘 순환되는 상태를 의미한다. 도시 정책은, 바로 이 '순환 구조'를 공간적 차원에서 회복하는 전략이자 방법론이다.

재개발은 더 이상 돈이 돌 수 없는 심각한 낙후지에 적합하다. 도시 외곽의 슬럼화된 주거지, 오래된 공장 지역 등 물리적으로나 경제적, 사회문화적으로 되살아날 가망

이 없는 지역에서는 부득이 재개발을 추진할 수밖에 없다. 반면 도시재생은 잠재력이 풍부하지만 일시적으로 침체된 지역, 입지는 좋지만 자원이 부족한 지역, 그리고 문화적 매력이 내재된 지역에 효과가 있다.

정책 대상을 합리적으로 분석하고 진단하지 않은 채 각자의 정치적 선호에 따라 정책 수단을 선택하고 무차별적으로 적용함으로써 많은 오류와 왜곡이 발생했다. 재개발이 추진되어야 할 낙후한 주거지나 산업지에 도시재생이 적용되고, 도시재생이 추진되어야 할 도심이나 광역 중심지에서 오히려 재개발이 이루어지는 경우가 있었다.

도시 정책은 단순히 '철거냐 존치냐'의 선택이 아니라, 도시가 가진 입지·공동체·장소성·경제 흐름을 모두 종합적으로 고려해 판단해야 한다. 재개발과 재생 모두 지역을 되살릴 수 있는 방식으로서 전략적으로 선택해야 한다.

뚝섬 특별계획구역 제3·4·5구역을 해제하고 도시재생을 추진한 것은 이곳의 입지와 사회문화적 생태가 재개발보다는 재생을 통해 경제적 합리성을 추구하는 것이 더 적합하다고 판단했기 때문이다.

이 결정이 내려진 2015년을 전후한 시기, 한국의 주택 시장 경기는 아직 뜨거웠다. 그런 조건에서 자기 주택자산의 가치를 높이고자 하는 마음은 지극히 합리적 선택이며 권리였다. 그럼에도 불구하고 주민들이 성동구의 결정에 동의했던 것은 우리가 도시재생을 도덕적 당위가 아닌 경제적 합리성의 관점으로 접근했기 때문이다.

행정이 현장의 흐름을 뒤따르다

2015년을 전후한 시기 성수동은 행정이 설정한 개발 틀보다 훨씬 앞서 있었다. 이 시기, 성수동은 단순한 낙후지역이 아니었다. 도시의 내부에서부터 스스로 재생을 시작한, 보기 드문 도시 실험장이 되어가고 있었다. 따라서 이곳의 도시 정책은 행정가의 계획보다는 현장의 관찰에 입각해 구성될 필요가 있었다.

서울숲 개장 이후 10년 가까이 흐르면서 뚝섬역과 서울숲역을 중심으로 유동인구가 급격히 증가했다. 서울숲길은 더 이상 주변 아파트 주민들만의 산책로가 아니라, 외지인들이 일부러 찾아와 시간을 보내는 문화 소비의 무대가 되었다. 이러한 변화를 주도한 것은 거대 자본이 아닌 청년 창업가들이었다.

정미소 건물이 복합문화공간으로 재탄생한 대림창고에서는 전시, 공연, 강연, 마켓이 뒤섞이며 성수동의 도시적 상상력이 실현되었다. 도시 공간이 기능보다 상상에 따라 구획될 수 있다는 것을 보여주었다. '대림창고'의 성공은 자그마치, 수피, 성수연방, 에스팩토리 같은 후속 공간들의 흐름으로 이어졌다. 2014년, 인쇄 공장을 개조해 문을 연 '자그마치'는 단순한 카페가 아니라 디자인 세미나, 독립영화 상영, 실험적 전시가 펼쳐지는 콘텐츠 소비와 관계 형성의 장이었다. '수피'는 세심한 인테리어와 감각적인 메뉴로 성수동의 미학을 담아냈으며, 외부 방문객뿐 아니라 동네 창작자들의 일상적 거점이 되었다.

'성수연방'은 낡은 화학공장이 카페, 서점, 공방 등이 공존하는 매력적인 복합문화공간으로 재탄생한 사례다. 특히 3층의 '천상가옥'은 유리천장을 통해 하늘을 바라보며 머무를 수 있는 공간으로, 낡은 공간을 고쳐 쓰는 물리적 리모델링을 넘어 사람들의 감각과 정서까지 되살리는 도시재생의 진정한 의미를 보여주었다.

'에스팩토리'는 성수동의 산업유산을 가장 현대적으로 재해석한 공간 가운데 하나다. 과거 방직공장 건물을 리모델링해 2016년 문을 연 이곳은, 'Factory'라는 이름 그대로 거대한 단일 공간의 스케일감을 유지하면서도 전시와 브랜드 쇼룸, 팝업스토어, 패션·아트 마켓, 공연 등이 동시에 열릴 수 있는 복합 플랫폼으로 설계됐다. 붉은 벽돌 외벽과 드높은 천장은 산업 시설이 지녔던 육중한 존재감을 그대로 드러냈지만, 내부는 유연하게 구획되어 매번 다른 콘셉트로 변신했다. 오늘은 해외 패션 브랜드의 런칭 쇼룸이었다가, 내일은 독립 디자이너들의 마켓이 되고, 주말이면 실험적인 전시와 공연이 어우러졌다.

이러한 공간들은 개별적으로도 주목받았지만, 도시 안에서 상호작용하며 하나의 흐름을 형성했다. 성수동은 점점 더 창작자와 예술가, 브랜드 디렉터, 콘텐츠 크리에이터들이

과거 화학공장을 리모델링하여 카페, 식당, 공방, 서점 등이 어우러진 복합문화공간으로 재탄생한 성수연방.

모이는 클러스터로 기능하며 그 자체가 문화적 자산이 되었다. 골목 단위에서 이루어진 작은 실험들이 모이면서 성수는 과거의 기억 위에 새로운 정체성을 갖게 되었다.

이 시기, 성수동에서는 다채로운 시도가 이어졌다. '성동 디자인위크'와 '서울숲 소셜벤처 엑스포' 같은 창의적인 문화·창업 행사가 열리고, '성수책마루'와 같은 새로운 공간도 문을 열었다. 공공과 민간이 함께 주도한 이러한 실험들은 일회성에 그치지 않고 꾸준히 이어지며 지역의 변화를 이끌었다. 성수동은 매년 진화했고, 매 시즌마다 새로운 브랜드가 도전하고, 낡은 골목이 재발견되고, 실험적인 공간이 문을 열면서 그 매력이 계속 쌓여왔다. 여기서 중요한 점은, 이 모든 과정이 사전에 수립된 '개발 계획'에 의해 만들어진 것이 아니라는 사실이다. 계획의 바깥에서 시민과 공간 그리고 문화가 어우러져 스스로 만들어낸 흐름이었다.

> 손님으로 방문했던 성수동은 새로운 것이 샘솟는 소위 뜨는 동네였다. 일하는 사람으로 머무는 성수동은 또 달랐다. 오래된 것이 새로운 것을 맞이하는 따뜻한 동네다. 자전거, 공장, 카페, 바, 편집숍…. 이 이질적인 단어들이 한데 모여도 자연스러운 멋을 내는 성수라는 동네는 겉핥기로 보기엔 그 속이 참 깊은 것 같다. 이곳에 오래 머물고 싶다.
> ─ 손하빈(마음성장 플랫폼 밑미 대표)

과거 방직공장을 리모델링하여 탄생한 에스팩토리는 전시, 브랜드 쇼룸, 마켓, 공연 등이 열리는 복합문화 플랫폼으로, 성수동 산업유산을 현대적으로 재해석한 대표적인 공간이다.

에스팩토리에서 열린 스포츠 브랜드 푸마(PUMA)의 'RUN THE STREETS' 캠페인 행사 모습이다. 자신만의 길을 개척하는 아티스트들의 다양한 공연과 전시를 진행했다.

그런데 특별계획구역이 유지될 경우, 이러한 자생적인 흐름이 단절될 위험에 처했다. 기존 건물을 철거하고 획일적인 대형 아파트 단지로 채워지는 순간, 성수동의 장소성과 다양성은 사라질 수밖에 없었다. 계획된 일률적 개발은 자생적이고 유기적인 흐름과 충돌했고, 성수동은 '틀이 흐름을 막는' 위기에 직면했다.

정형화된 틀은 도시를 정비하는 데 효과적일 수 있으나, 이미 변화가 일어나고 있는 현장에서는 오히려 족쇄가 될 수 있다. 성수동에서는 '개발의 틀'보다 '변화의 흐름'을 존중해야 했다. 이에 성동구는 2017년 특별계획구역 해제 결정을 내렸다. 이는 행정의 후퇴가 아닌, 시민과 공간에 대한 신뢰를 바탕으로 변화의 흐름을 지원하는 선택이었다.

성동구는 이 변화를 강요하지 않고 기존 계획을 철회함으로써 새로운 흐름이 자생할 수 있도록 기반을 제공했다. 더불어 새로운 방향성을 주민들에게 알리고 소통하며 지역사회 차원의 합의로 승화시켰다. 해제는 멈춤이 아니라 전환이었으며, 이는 성수동의 오늘을 만들어낸 성동형 컨센서스였다.

PART 2

붉은 벽돌로 도시를 디자인하다

'지우기'가 아닌 '덧칠하기'

← 성수동의 붉은 벽돌 건물이다. 1980~90년대 준공업 지대의 흔적을 간직한 붉은 벽돌은 성수동 도시 디자인의 핵심 요소가 되었다.

> "성수의 방식이란
> 바로 성수만의 '이야기'를 찾아낸 데 있다."

도시는 자연과 닮아 있다. 생명을 가진 자연의 많은 존재들처럼 도시 역시 태어나 성장하고, 시간이 흐르면서 노후와 쇠퇴를 겪는다. 어떤 도시는 그 쇠락의 무게를 견디지 못하고 사라지기도 하지만, 또 어떤 도시는 재생과 변화를 통해 다시 새로운 생명력을 얻는다.

도시 정책이란 결국 이 순환의 시간을 어떻게 관리할 것인가의 문제다. 성장과 번영의 시간을 최대한 길게 이어가고, 불가피한 노후와 쇠퇴의 시간을 완화하며, 사멸로 기울기 전에 재생의 계기를 만들어내는 것이 핵심이다.

이런 도시 정책을 설계하는 과정에서 가장 경계해야 할 것은 도시를 생태계가 아닌 기계로 바라보는 관점이다. 도시를 기계로 이해하는 순간 정책의 방향은 급격히 단순해진다. 재개발과 도시재생은 특정 상황에 따라 병행되거나 조율되어야 하는데, 기계적 사고는 이를 옳고 그름, 필요와 불필요의 이분법으로 몰아간다.

그 결과 도시 공간을 바라보는 눈도 메말라간다. 사람들의 기억과 감정, 생활의 맥락이 담긴 장소와 공간이 지워지고, 그 자리에 단지 반짝거리고 화려한 외형만이 들어선다. 이런 방식은 도시를 잠시 화려하게 보이게 할 수는 있지만, 금세 생기를 잃게 만든다.

성동구청은 성수동을 재생하는 과정에서 이러한 오류를 범하지 않기 위해 노력했다. 도시를 하나의 유기체로 보고, 사람을 중심에 두었다. 낡은 건물이라도 그 안에 담긴 시간의 흔적과 이야기를 존중했다. 새로운 공간을 만들 때도 과거와 단절하지 않고 사람들이 가진 정서와 기억을 이어갈 수 있도록 했다. 도시를 화려하게 치장하는 것이 목적이 아니라, 사람들의 삶이 살아 숨 쉬는 공간으로 되살리는 것을 우선시했다.

이 장에서는 성수동이 어떻게 '붉은 벽돌'이라는 과거의 유산을 도시 디자인의 핵심 언어로 삼고, 일방적 계획이 아닌 주민과의 합의, 즉 '과정의 정치'를 통해 도시재생을 이뤄냈는지 살펴본다. 또한 '생산의 현장'이었던 산업 생태계가 어떻게 창의적 브랜드 생산 플랫폼으로 진화했는지, 그 과정을 추적한다.

'과정의 정치'
재개발과 재생의 사이에서

1

'과정의 정치'로 패러다임 전환

특별계획구역 해제는 단순한 행정 절차가 아니라, 도시 정책의 패러다임을 전환한 '과정의 정치'였다. 성동구는 이 과정을 단 한 번의 공청회와 문서가 아니라 수많은 설명회와 간담회, 면담을 통해 만들어 나갔다. 이는 주민을 대상으로 일방적인 정책을 전달하는 것이 아니라, 주민과 함께 도시의 방향을 다시 논의하는 일이었다.

성동구가 뚝섬 특별계획구역 3·4·5구역을 해제하고 그 대신 도시재생 사업을 추진하기로 결정하며 주민 소통을 시작한 시기는 2015년이었다. 구청장과 간부 공무원들은 권역별, 동별로 나눠 동네마다 주민들을 찾아뵙고 간담회를 열었고, 각 세대별 이해관계자를 개별 면담하며 의견을 들었다. 이 시기에 총 20회 이상의 간담회가 열렸고, 주민 설명회도 소규모 권역 단위로 세분화하여 반복적으로 진행되었다.

    성동구는 이 과정에서 전단지, 책자, 홈페이지 게시물, 언론 브리핑까지 모든 커뮤니케이션 수단을 동원했다. 우리가 생각하는 지역 발전과 도시 성장의 비전을 차근차근 설명하고자 했고, 성급하게 동의를 구하기보다는 주민들의 생각과 입장을 경청하고자 했다. 특히 주민들에게 "계획은 행정이 하지만 도시를 살아내는 것은 주민이다. 따라서 모든 것은 주민의 뜻대로 결정될 것"임을 반복하여 강조하며, 입장을 조율해 나갔다.

    또한 주민들에게 "성수는 개발이 늦은 곳이 아니라 흐름이 이미 시작된 곳이며, 지금은 그것을 밀어붙일 때가 아니라 키워낼 때란 점"을 강조했다. 지금 성수동의 흐름을 이어가면 조금 시간이 걸리더라도 돈이 돌고 돌아 지역이 발전하고 주민 전체에게도 삶을 전환시킬 수많은 경제적 기회가 제공될 것이라고 설명했다. 반면 개발을 강행하면 집값, 땅값이 잠깐 오를 수 있지만 곧 가라앉을 것이며 그 혜택의 상당 부분이 주민이 아니라 대형 건설사, 부동산 투자자에게 돌아갈 것이라는 점을 명확히 전달했다. 이는 곧 계획이 아니라 흐름이 돈을 만든다는 점을 행정이 먼저 깨닫고 지역사회와 합의하는 과정이었다.

영국 런던의 금융지구 카나리 워프. 1980년대 런던 도크랜드 재개발로 조성되었으나, 초기 기반시설 부족과 원주민 소외 등으로 비판받았다.

미국 뉴욕의 배터리 파크 시티. 맨해튼 남서쪽 매립지에 조성된 대규모 복합개발 지역으로, 초기에는 시민들의 일상생활과 동떨어진 개발이라는 비판을 받았다.

흐름을 관찰하며 만든 정책

당시 우리는 도시재생으로의 전환이 성동을 발전시키고 주민을 더 잘 살게 하는 방법이라는 확신이 있었다. 돈은 계획이 아닌 '흐름'에서 창출된다는 점을 여러 도시의 역사에서 분명하게 확인했기 때문이다. 영국 런던 도크랜드는 도시 계획 실패의 교과서로 회자되는 사례다. 템스강 남동쪽의 이 지역은 19세기 말부터 20세기 초까지 해상무역의 중심지였다. 그러나 2차 세계대전 이후, 항만 기능이 쇠퇴하면서 공동화가 진행됐다. 1981년, 영국 정부는 '도크랜드 개발공사(LDDC)'를 설립하고 대규모 민관합작 개발을 추진하여, 이곳에 고층 오피스 타워, 금융 지구 '카나리 워프Canary Wharf' 그리고 럭셔리 아파트들이 들어섰다. 하지만 기반시설 없이 외래 자본만 유입된 결과, 지역 주민의 정주 여건이나 일자리 개선에 기여하지 못했고 도시의 공공성이 급격히 저하됐다. 이는 흐름의 단절이 불러온 실패였다.

뉴욕의 '배터리 파크 시티Battery Park City'는 맨해튼 남서쪽 허드슨강 수변을 따라 매립해 조성된 지역으로, 1979년부터 주정부 주도로 마스터플랜을 수립하여 초고밀도 상업지구와 중산층 주거단지, 공원 및 수변 산책로가 혼합된 대규모 복합개발로 추진되었다. 건축적으로는 성공적이었으니 초창기에는 문화 기반시설이 부족했고, 보행 흐름 단절 등 시민들의 일상생활과 동떨어진 개발이라는 비판을 받았다. 이후 공공 공간 확보, 커뮤니티 지원, 문화기관 유

독일 함부르크의 하펜시티. 오래된 항구 지역을 공공 주도로 성공적으로 재생시킨 사례로, 저층 복합용도 개발과 공공 공간 확보가 특징이다.

프랑스 파리의 마레 지구. 1960년대부터 역사문화유산 보존 정책을 통해 낡은 건물을 보존·복원하며 문화예술 지구로 재생되었다.

치 등 점진적 보완이 필요했다. 이는 도시의 공간적 특성, 사회·경제·문화적 생태를 고려하지 않은 일방적인 계획과 대형화된 개발은 속도는 빠를지언정 그에 상응하는 성과를 도출하지 못한다는 교훈을 준 사례였다.

반대로 독일 함부르크의 '하펜시티HafenCity'는 도시재생의 선진적 사례로 제시되었다. 2000년대 초부터 오래된 항구 지역을 개발한 이 프로젝트는, 함부르크 시정부가 장기적인 계획을 갖고 주도한 점이 특징이다. 하펜시티는 민간 개발자에게 분양하되, 시정부가 건축 디자인과 기능 구성, 보행 동선까지 관여하였다. 고층 개발을 지양하고 저층 혼합용도로 채웠으며, 전체 면적의 25%를 공원과 수변 공간 등 열린 공공장소로 확보했다. 엘브필하모니 콘서트홀, 창업지원센터, 공공도서관 등 문화·교육시설이 도시 중심성과 정체성을 강화하였다.

프랑스 파리의 '마레지구Le Marais'도 중요한 사례다. 센 강 북쪽, 루브르 박물관과 바스티유 광장 사이에 위치한 이곳은 프랑스 대혁명 이후 노후화된 슬럼 지역으로 전락했다. 1960년대부터 역사문화유산 보존 정책이 적용되었다. '말라르 역사구역 정비계획'에 따라 건축물 철거 대신 보존·복원이 이루어졌고, 예술인 거주 유치, 박물관 분산 배치, 골목 중심의 상업·자영업 활성화 등 소규모 생태계 중심 정책이 펼쳐졌다. 이로 인해 마레지구는 역사적 정체성을 유지하면서도 도시 문화의 창의성이 집약된 대표 주거지로 거듭났다.

이러한 사례들은 쇠퇴한 구도심이라 할지라도 기존의 공간 구조와 장소적 맥락, 이로부터 형성된 도시의 생태적 작동 원리를 배제한 어떤 계획도 성공하기 어렵다는 교훈을 준다. 왜냐하면 도시는 결국 감정을 가진 사람이 사는 곳이기 때문이다. 사람들이 도시를 찾고, 살고, 떠나고, 돌아오는 이유에는 객관적으로 측정될 수 없는 감성적 측면이 존재하며, 이것이 도시의 성장, 쇠퇴, 회복을 결정하는 핵심 변수로 작용할 때가 많다.

따라서 빈 땅에 신도시를 짓는 것과는 달리, 기존 도시를 재활 및 재생하는 정책을 추진할 때는 계량화하거나 정형화할 수 없는 도시의 감성을 포착하고 반영하기 위해 집단지성에 의거해 정책을 기획해야 한다. 이런 이유로 성동구는 특별계획구역을 해제하고 도시재생 정책을 추진하는 과정에서 '상호협력주민협의체'란 조직을 출범시켰다. 이 조직은 성수동에서 감지된 젠트리피케이션 징후를 사전에 예방하는 것이 일차적인 목표였으나, 궁극적으로는 주민을 도시 계획의 적용 대상이 아닌 주체로 자리매김하기 위해 마련되었다. 협의체는 도시 임대인, 임차인, 건물주, 예술가, 소상공인 등으로 구성되어 젠트리피케이션 방지를 위한 조례 제정과 입점 제한, 상생협약 심의 등의 실제 의사결정에 참여했다.

서울숲길 일대에서는 이 협의체가 대기업 프랜차이즈

입점을 심사했다. 단순한 찬반투표가 아니라, 지역상권에 미치는 영향, 기존 상인의 생존, 임대료 상승 가능성 등을 검토한 뒤 의결하는 구조였다. 여기서 주민은 피해자가 아닌 도시의 '실질적 기획 주체'로 등장했다. 이들은 때로는 입점을 허용했고, 때로는 부결시켰으며, 판단 기준은 일관되었고, 무엇보다 중요한 것은 주민들이 그 기준을 스스로 만들었다는 점이었다. 이는 우리나라 도시 계획사에서 드물게 등장하는 '주민 자율심사 모델'의 선례였고, 성수동을 도시 계획의 제도 실험장으로 만든 사례다.

결국 2017년 3월 22일, 서울시 제5차 도시건축공동위원회에서 '뚝섬주변지역 지구단위계획 결정변경안'이 수정 가결되면서 특별계획 3·4·5구역 해제가 공식 확정되었다. 이것은 행정의 일방적인 계획 철회가 아니라, 주민과 행정, 민간과 전문가가 함께 만들어낸 합의의 결과였다. 구청은 방향을 제시했고, 주민은 결정에 동의했으며, 제도의 기반은 조례와 협의체를 통해 제도화되었다. 이런 방식은 더디고 복잡했다. 하지만 그 과정을 통해 성수동은 '지시된 도시'가 아닌 '합의된 도시'가 되었고, 공공과 주민, 전문가와 창작자가 함께 도시의 미래를 기획할 수 있다는 모델을 제시했다.

정보통신의 발전과 매체의 다양화로 도시 공간에 대한 정보가 매우 빠르게 유통되고 있으며, 그 결과 공간에 대한 소비 주기가 짧아지며 과거의 핫플레이스였던 곳들이 빠르게 쇠퇴하고 있다. 그래서 성수동도 가로수길, 경리단길의 전철을 밟을 것이라 걱정하는 사람들이 많다. 마땅히 그럴 가능성을 염두에 두고 대비해야 할 것이다. 하지만 크게 걱정하지 않는다. 특별계획구역을 해제하고 도시재생을 합의하는 과정, 그 과정에서 한층 고도화된 성동구의 도시 정책 거버넌스가 창출되었기 때문이다. 따라서 위기가 온다 해도 성동구민은 다시 한 번 머리를 맞대어 소통하며 이 도시의 또 다른 미래를 설계하고 실천할 것이다.

2025년 현재, 성수동은 서울에서 가장 역동적인 도시 변화의 상징이자, 도시재생의 실험실로서 자리매김했다. 과거 특별계획구역 해제라는 이례적 선택 이후 10년 가까운 시간이 흐른 지금, 우리는 그 정책의 방향이 옳았다는 사실을 공간의 변화, 경제의 흐름, 사람들의 움직임 속에서 체감하고 있다. 그리고 이 변화는 단지 정비가 아닌 창조였으며, 개발이 아닌 생태적 진화의 과정이었다.

성수동표 도시재생

2

흐름에서 규칙으로

예전부터 성수는 '소비의 무대'가 아니라 '생산의 현장'으로 살아왔다. 성수역과 뚝섬역 사이, 연무장길과 성수이로를 따라 이어지는 지역은 도시 계획상 준공업지역으로 지정되어 있었다. 이는 대규모 중화학 공장처럼 환경 부담이 큰 산업을 위한 공간이 아닌, 소규모 제조업, 연구개발, 유통, 판매가 한데 어우러져 돌아가는 도심형 산업 생태계를 위해 마련된 공간이었다.

지리적 입지 역시 생산의 흐름을 강화했다. 한강과 중랑천이 맞닿아 있어 원자재와 완제품의 이동이 용이했고, 성수대교를 비롯한 교통축과 지하철 2호선이 교차하면서 서울 전역과 외부 시장을 잇는 연결망이 마련되었다. 이러한 입지적 조건은 원자재가 쉽게 들어오고, 완성품이 빠르게 나가는 순환을 자연스럽게 형성했다.

더불어 성수동의 토지는 서울 외곽 산업단지에 비해 잘게 나뉜 필지와 저층 공장·창고들이 연속된 특유의 물리적 조직을 갖추고 있었다. 이는 대규모 단일 공장이 아니라, 다종다양한 소규모 제작자들이 각자의 전문 공정을 담당하며 서로 연결될 수 있는 생태계를 가능하게 했다. 실제로 골목 단위로 수제화 공방, 인쇄소, 금속·목공소, 패션 의류 가공업체 등이 촘촘히 이어져 있어, 설계에서 제작, 후공정, 도매에 이르기까지 도시형 생산 네트워크가 자생적으로 만들어졌다.

그 결과 성수동은 단순한 소비 공간을 넘어, 생산의 전 과정이 일상에 함께 있는 독특한 상권으로 자리 잡았다. 쇼핑과 관광 위주의 일반적인 상권과 달리, 이곳은 기획부터 제작, 후공정, 유통이 한 동네 안에서 유기적으로 이루어지는 '도시형 밸류체인'이 확립된 지역이 되었다.

그러나 2000년대를 지나면서 성수의 도심 제조 생태계는 새로운 국면을 맞았다. 전통 제조업 기반이 축소되는 동시에, IT·디자인·패션·문화 산업이 교차하며 산업 생태계 자체가 재편되기 시작한 것이다. 디지털 기술과 창의적 상상이 만나면서, 성수는 단순한 제조의 거점을 넘어 브랜드를 생산하는 지역으로 탈바꿈해 갔다.

흐름을 '규칙'으로 만들어 '투자'를 이끌다

과거 골목 곳곳에서 이어지던 공방과 소규모 공장은 이제

크리에이터, 스타트업, 글로벌 기업의 협업 공간으로 진화했다. 수제화 장인의 기술 위에 3D 프린팅과 패션 테크가 더해지고, 전통 목공과 금속 가공의 맥락 위에 라이프스타일 콘텐츠와 엔터테인먼트 산업이 겹쳐졌다. 이 과정에서 성수는 생산의 정체성을 잃지 않으면서도, 그 성격을 확장해 '첨단과 창의가 결합된 도시형 산업 플랫폼'으로 자리매김하고 있다.

이러한 변화는 기존의 제도적 틀로는 담아내기 어려웠다. 성수 일대가 속한 준공업지역은 본래 경제개발시대의 산물로, 단순 제조업을 수용하기 위해 설계된 공간이었다. 급변하는 산업 구조와 창의 산업의 집적을 뒷받침하기에는 너무 협소하고 제약이 많았다. 산업 생태계의 흐름이 지속가능하게 이어지려면, 도시 계획 차원에서 새로운 틀을 마련해야 했다.

그래서 성동구는 IT, 디자인, 유통, 콘텐츠 산업의 진화를 담아내기 위해 2021년 성수 IT산업·유통개발진흥지구를 확대 지정했다. 기존 53만 9,406㎡ 규모를 205만 1,234㎡로 약 4배 확장하며 새로운 산업 상상력을 담아낼 공간적 기반을 마련했다. 동시에 용적률은 최대 560%, 건축물 높이는 120m까지 허용하여 기업들이 더 넓고 높게 공간을 활용할 수 있도록 했다. 이는 스타트업, 중소기업, 글로벌 기업이 한 건물 안에서 연구, 제작, 유통하며 시너지 효과를 창출할 수 있는 환경을 조성하여 성수동이 도시형 제조의 실험실에서 창의 산업의 플랫폼으로 도약하는 계기가 되었다.

공간을 마련해주는 것만으로 충분하지 않았다. 기업이 가장 먼저 묻는 것은 언제나 똑같다. "허가는 얼마나 빨리 내줄 수 있습니까?", "계획이 틀어질 일은 없나요?" 이를 보장하기 위해 성동구는 허가·민원 전담제를 도입했다. 건축물 사용 승인까지 최장 한 달 걸리던 절차를 5일 이내로 줄여, 빠른 처리 속도와 예측 가능성을 제공했다. 기업은 그 신뢰를 바탕으로 투자 계획을 세웠고, 그 투자는 결국 더 많은 일자리와 성과로 돌아왔다.

재정 인센티브도 함께 설계했다. 지식산업센터 취득세·재산세를 기본 35% 감면하고, 조건을 충족하면 50%까지 확대했다. 여기에 중소기업 육성자금을 2022년 80억 원, 2023년 75억 원, 2024년 75억 원으로 끊기지 않게 이어갔다. 기업의 숨이 막히지 않도록, 지원의 지속적인 흐름을 유지했다.

이런 정책의 결과는 숫자로 증명된다. 지식산업센터는 2013년 32개에서 2025년 73개로 늘었다. 입주 기업은 1,816개에서 6,163개로, 종사자는 7만 7천 명에서 12만 4천 명으로 증가했다. 이는 단순한 양적 증가를 넘어 산업 생태계의 질적 전환을 보여준다.

행정은 도시의 흐름을 거스르지 않는다. 흐름을 읽고, 규칙으로 만들고, 지속가능하게 지켜준다. 그렇게 할 때 기업은 위험을 계산할 수 있고, 투자를 결심할 수 있다. 성수 IT산업·유통개발진흥지구는 바로 그 믿음을 제도화한 장치였다.

세상의 산업이 바뀌면, 도시도 그에 맞게 바뀌어야 한다. 바르셀로나가 방직공장 지대였던 포블레노우를 '22@' 혁신지구로 전환하며 ICT^{Information and Communication Technology}, 디자인, 미디어 기업의 허브로 만든 것이 그 예다. 낡은 공업지대를 허물지 않고, 도시 계획으로 산업 전환의 질서를 세웠기에 가능했다. 파리 역시 전통적 유통과 시장 기능을 지녔던 도심 공간을 크리에이티브 산업과 패션·디자인의 클러스터로 탈바꿈시켰다. 생산과 소비가 공존하는 공간을 창출함으로써, 브랜드와 문화가 자생하는 생태계를 만들어낸 것이다.

성수의 변화는 이들과 궤를 같이 한다. 도시의 흐름을 억누르지 않고, 흐름을 규칙으로 만들며 규칙을 지속가능하게 지켜낼 때 도시는 새로운 산업의 무대가 된다. 성수 IT산업·유통개발진흥지구는 그 과정을 제도화한 장치였다. 숫자가 증명하듯 성수의 산업 생태계는 이미 도약했다. 그러나 이것은 끝이 아니라 시작이다. 산업적 변화에 발맞춘 도시 계획이 있어야 기업은 미래를 내다보고 투자할 수 있고, 도시는 그 투자로 성장의 동력을 이어갈 수 있다. 성수의 경험은 서울만의 이야기가 아니다. 흐름에서 규칙을 만들고, 규칙 위에서 투자를 이끌어내는 도시만이 세계의 변화 속에서 오래 살아남을 수 있다.

소비도시를 넘어서

성수동의 초창기 재생은 소수의 젊은 창작자들과 예술가, 디자이너, 스타트업이 만들어낸 실험적 공간에서 시작되었다. 붉은 벽돌 창고를 개조한 갤러리, 공장 터를 리모델링한 카페, 공동작업장을 중심으로 골목마다 개성 있는 문화 상업 공간이 들어섰고, 이곳은 '서울에서 가장 힙한 동네'라는 수식어를 얻었다. 2016년 성수역 북측에 공장을 리모델링한 '어니언'이 오픈했다. '자그마치'를 기획하고 현재 성수동 연무장길의 문구 편집숍 '포인트오브뷰'를 운영하는 김재원 대표는 당시를 회상하며, 어니언과 대림창고와 같은 대형 카페의 입점 소식을 듣고 자그마치의 손님을 빼앗길까 걱정했으나, 자그마치 손님들이 어니언을 가고, 대림창고 손님들이 자그마치에 가며 전반적으로 성수동을 찾는 유동인구가 늘었다고 말했다.

2020년대에 들어서며 성수동은 또 한 번의 전환기를 맞았다. 문화와 상업이 융합된 공간에서 2040세대 청년들이 새로운 도시 문화를 소비하고, 공유하고, 재해석하기 시작하자, 이 흐름을 읽은 기업들이 성수동으로 몰려들었다. 무신사, 아더에러, 탬버린즈, Kith, 디올 등 국내·외 패션 브랜드가 성수동에 플래그십 스토어를 열었고, 이들은 단순 판매공간이 아닌, 브랜드 정체성이 담긴 콘텐츠를 만드는 복합문화공간으로 설계되었다.

또한 SM엔터테인먼트, 큐브엔터테인먼트 등 대형 엔터테인먼트사들이 성수동에 창작자 커뮤니티와의 교류 거점을 마련하면서, K-컬처의 현장성과 대중문화 생산의 거점으로서 기능이 강화되었다. 특히 이러한 흐름은 카페, 전시장, 쇼룸, 스튜디오가 결합된 공간 구조 안에서 나타났고, 이는 성수동만의 복합적 장소성으로 정착되고 있다.

최정민 SM엔터테인먼트 CGO Chief Global Officer는 성수동으로 본사 이전을 결정한 데 대해 "성수가 가진 문화적 감수성과 창조적 에너지가 SM의 비전과 맞닿아 있었기에 가능했습니다. 우리는 성수를 글로벌 문화의 새로운 무대로 보았고, 이제는 그 무대의 일원이 되었습니다"라고 평가했다. 공간기획자인 TPZ 김시온 대표는 "성수동은 창작자들에게 영감을 주는 공간으로, 가장 큰 장점은 다양성이다"라고 했다. 성수동의 곳곳은 단순한 공간을 넘어, 문화와 산업이 서로 영향을 주고받으며 계속해서 새로운 것을 만들어내는 동네가 되었다.

이와 같은 문화 기반 위로 ICT, 패션, 라이프스타일, 콘텐츠 산업이 클러스터화되고 있는데, 이른바 '성수 클러스터'는 산업 간 융합을 실현하는 실험장으로 주목받고 있다. 지역 내에 본사를 두는 기업도 늘고 있으며, 자체 제작 공간, 브랜드 팝업 전시, AI 기반 기획 쇼룸 등 산업 간 협업이 활발히 이루어지고 있다.

성수동 카페 어니언(onion)의 외관. 낡은 공장 건물의 붉은 벽돌과 거친 마감을 그대로 살린 인더스트리얼 인테리어로 유명하다. 성수동 특유의 분위기를 대표하는 공간 중 하나다.

카페 어니언 성수의 내부 모습. 거친 콘크리트 마감과 노출된 구조물 등 과거 공장의 흔적을 그대로 살렸다. 창밖으로는 작은 정원이 보여 낡은 공간과 자연이 대비를 이룬다.

서울에는 '핫플레이스'가 많았다. 경리단길, 가로수길과 같은 성수동 이전의 핫플레이스들도 문화와 상업의 융합으로 사람들의 주목을 받았지만 대부분 소비 공간의 한계를 넘지 못한 채 단명했다. 그러나 성수동은 문화적·공간적 실험과 사람들의 기획이 섞이며 새로운 가치를 생산하는 장소가 되어가고 있다. 커피만 파는 카페가 아닌 전시와 쇼케이스가 동시에 벌어지는 공간, 옷만 파는 매장이 아닌 패션과 영상, 음악이 융합된 브랜드 실험실이다. 성수동의 골목은 지금 새로운 문화 산업을 창출하는 플랫폼이 되고 있다.

무신사 박준모 대표는 성수동을 선택한 이유로 '감도 높은 창작자들, 독립 브랜드, 살아 숨 쉬는 로컬 문화'를 꼽으며, 이를 입지나 비용 문제를 넘어, 함께 호흡할 수 있는 가치 기반 공동체를 만난다는 의미로 해석했다.

패션 브랜드 아더에러의 파이브스페이스 오승한 대표 역시 성수동의 '독특한 분위기와 창의적인 커뮤니티'가 브랜드 철학과 잘 맞았다고 언급하며, 이곳에서 새로운 영감을 얻고 협업을 통해 브랜드 가치를 높이고자 하는 기대를 표했다. 특히 아더에러가 성수동에서 시작한 토종 국내 브랜드란 그의 말을 듣고 놀라웠던 기억이 있다.

성수동이 다른 동네와 다른 점은, 바로 브랜드들이 공간을 사용하는 방식이다. 특히 라이프스타일 브랜드의 공간 브랜딩을 업으로 하는 기획자들이 많이 들어오면서, 성수동 동네 전체가 마치 '거대한 브랜드 놀이터'처럼 변하고 있다. 이 기획자들은 가게를 물건을 파는 장소로만 보지 않고, 공간 그 자체를 하나의 창작품으로 만든다. 결국 사람들이 성수동이라는 도시 자체를 즐기고 경험하러 오게 만드는 것이다. 이 점이 바로 다른 곳에서는 보기 힘든 성수동만의 특별함이다.

성수동의 강점은 변화 자체가 아니라, '서로 연결되며 진화하는 변화 방식'에 있다. 공간과 사람, 창작자와 소비자, 스타트업과 문화기업이 도시 안에서 유기적으로 얽혀 있다. 단일한 기능이 아닌, 복수의 주체가 같은 장소를 공유하면서도 각자의 동기로 살아가는 구조. 이것이 도시 생태계의 지속가능성을 만들어내고 있다.

행정이 흐름을 관찰하고, 그 흐름을 지우지 않고, 살려낸 결과였다. 성수동의 오늘은 계획의 승리가 아닌, 감각과 관찰, 실험과 인내, 조율과 소통의 승리다. 성동구가 성수동의 미래를 낙관하는 이유는, 흐름을 감지할 수 있는 도시 정책의 유연성과, 문화와 자본이 충돌하지 않고 공진화한 경험을 성수동에서 살고 일하는 모두가 공유하고 있기 때문이다.

같은 동네, 다른 선택

성수동은 하나의 동네였지만, 같은 정책을 일률적으로 적용하지 않았다. 성동구는 뚝섬 특별계획구역 3·4·5구역은 해제하고 도시재생을 추진했지만, 같은 시기 한강변에 인접한 성수전략정비구역은 기존 계획을 유지하여 공공 주도의 재개발을 추진하기로 결정했다. 겉보기엔 모순된 선택 같지만, 이는 각기 다른 지역의 특성과 상황을 고려한 전략적 대응이었다.

뚝섬역 일대 3·4·5구역은 서울숲과 가까운 입지, 활발한 유동 인구, 창의적 창업 생태계의 확산 등 이미 변화가 시작된 지역이었다. 거대한 틀로 묶기보다는, 흐름을 존중하고 확산시키는 방식이 더 효과적인 접근이었다. 반면 성수전략정비구역은 한강변이라는 입지적 장점에도 불구하고 도시의 중심에서 비켜나 있었고, 노후 주택이 밀집되어 있었으며, 자생적 변화의 조짐이 희박했다. 특히 성수전략정비구역은 성수역과 서울숲역 사이에 한강과 접한 선형의 노후 주거지이다. 기반시설이 부족하고 주차 공간도 협소했으며 도시 기능 전반이 취약한 상태였다.

이 지역은 오랜 시간 동안 정비 사업이 지연되며 개별 재건축이 무분별하게 시도되고 있었다. 이로 인해 도시의 균형성과 공공성은 위협받을 수 있는 상황이었다. 방치된다면 주거지로서의 기능은 쇠퇴할 것이고, 개발된다 하더라도 공공 개입이 없을 경우 기존 주민들이 축출되고, 난개발이 될 가능성이 높았다.

재개발 이후 성수전략정비구역에는 250m급 초고층 건물과 9,000 가구가 넘는 공동 주택, 수변 문화공원, 선

성수동 골목길 붉은 벽돌 벽의 포스터. 성수동의 붉은 벽돌은 단순한 건축 자재를 넘어, 지역의 정체성과 시간의 흔적을 담는 상징적인 요소다.

형 공원, 입체 데크 등이 조성될 계획이다. 이 중 2,000여 가구는 공공 임대로 공급되어 주거의 다양성과 안정성까지 고려되었다. 한강과 서울숲을 연계한 고품격 명품 주거단지를 구현하고, 문화와 비즈니스가 융합되는 성동의 전략 거점으로 육성하고자 했다.

성동구는 이러한 판단에 대해 분명한 입장을 견지해 왔다. 성수전략정비구역은 물리적 조건과 사회적 환경을 감안할 때 자생적 변화보다는 계획된 개입이 필요한 지역이며, 이는 도시의 전체 균형과 공공성 회복을 위한 불가피한 선택이었다.

성수동 안에서의 이 상반된 두 선택은 오히려 하나의 공통된 가치를 지향하고 있었다. 바로 주민의 삶을 지키고, 도시의 생태를 건강하게 유지하며, 변화의 방향을 공공이 조정하는 도시 철학이다.

3·4·5구역에서는 이미 사람들이 창의적으로 공간을 활용하고 있었고, 이 흐름을 이어가는 방식이 오히려 '돈이 되는' 구조로, 공공이 개입하지 않는 편이 더 나은 결과를 만들어내는 구조였다. 반면 성수전략정비구역은 자생적 변화가 거의 일어나지 않고 도시 기능이 전반적으로 취약했기 때문에, 공공이 앞장서고 계획된 방식으로 정비를 추진해야 안정적인 발전이 가능했다.

이처럼 한 동네 안에서도 서로 다른 조건과 가능성에 따라 정책 대응이 달라졌다. 즉 성동형 도시 계획은 단순한 일률적 적용이 아닌, 유연성과 실행력을 갖춘 복합적 사고의 결과였음을 보여준다.

만약 3·4·5구역에서 기존의 재개발 계획을 그대로 유지했다면, 오늘날 '서울숲 카페거리'라 불리는 감각적인 골목과 실험적 공간들은 대규모 아파트 단지로 대체되었을 것이다. 서울숲과 성수동 거리를 오가던 자연스러운 보행 흐름은 아파트 단지의 담장과 차단벽으로 단절되었을 것이며, 골목 기반의 청년 창업 생태계 또한 조성되지 못했을 가능성이 크다. 결과적으로 성수동은 현재와 같은 도시재생의 대표 모델이 아니라, 또 하나의 획일적 재개발 사례로 기억되었을지 모른다.

성수전략정비구역을 방치했다면 슬럼화가 심화되는 가운데, 제각각 벌어지는 재건축 행위로 인해 주거 환경은 더욱 불균형해지고, 도시 맥락과 무관한 고밀도 건축이 무질서하게 들어서는 난개발 양상이 초래되었을 것이다. 기반시설 확충 없이 진행되는 개별 개발은 교통 혼잡, 주차난, 일조권 갈등 등 생활환경 전반에 부작용을 일으켰을 가능성이 크며, 기존 저소득 주민들의 축출로 이어지는 '조용한 퇴출'이 현실화되었을 것이다. 결과적으로 이 지역은 한강이라는 입지 자산에도 불구하고 서울 도심 속 고립된 물리적 사각지대로 전락했을 수 있다.

같은 동네에서 서로 다른 선택을 했던 경험은 앞으로 다른 지역의 도시 계획에도 상당한 시사점을 줄 것이라 생각한다. 서울의 다른 동네, 한국의 다른 도시에서도 성수처럼 조건에 맞는 해석과 적용이 이뤄질 수 있다면, 도시재생은 더 이상 추상적 이상이 아닌, 실현 가능한 전략으로 자리매김할 것이다.

성수동 사례는 한국 도시 계획의 새로운 문법을 열었다는 평가를 받고 있다. 과잉 계획과 정형 개발이 아닌, 다양성과 자율성, 장소성과 연대의 도시로서 성수동은 여전히 변하고 있지만, 그 중심엔 여전히 '사람'과 '합의'가 있다. 그리고 그 출발점에는, 특별계획구역 해제라는 작지만 가장 용기 있는 결정이 있었다.

붉은 벽돌을 재해석하다

3

도시 디자인은 '기억'을 설계하는 일

"사람이 건축을 만들지만, 그 이후에는 건축이 사람을 만든다." 윈스턴 처칠이 남긴 이 말은 도시에도 그대로 적용된다. 사람은 도시를 만들지만, 그 이후에는 도시가 사람을 만든다. 이처럼 단어만 바꾸어도 의미가 통하는 이유는, 건축과 도시가 공통 요소에 기반하고 있기 때문이다. 그것은 다름 아닌 디자인이다.

건축과 도시 디자인은 모두 인간의 활동을 담는 환경을 만드는 일이다. 특히 도시 디자인은 그 도시를 살아가는 사람들의 삶과 흔적, 즉 과거의 정체성을 보여주는 요소를 반영한다. 동시에 현재 시민들의 일상적인 동선, 상업활동, 휴식 공간 등 구체적인 생활 방식을 구성하고, 나아가 미래를 위한 준비, 성장 계획을 포함한다. 즉 도시 공간은 과거의 기억을 저장하고, 현재를 살아가며, 미래의 청사진을 제시하는 구체적 결과물이다.

이러한 맥락에서 도시 디자인은 단지 심미적 완성도가 아니라, 정책의 중심으로 부상하고 있다. 이제 도시 설계는 단순히 길을 만들고 벽을 세우는 일이 아니라, 사람들의 감정과 정체성, 공동체의 기억을 어떻게 다룰 것인가를 설계하는 일이 되었다. 다시 말해 도시를 디자인한다는 것은 그 도시를 이끄는 정부, 공동체, 사람들이 어떻게 과거를 기억하고 현재를 살아갈 것이며, 어떤 미래를 열어갈 것인지에 대한 합의를 상징적으로 표출하는 행위다.

성수동 도시 디자인 정책의 상징으로 가장 먼저 언급되는 것은 단연 '붉은 벽돌'이다. 성동구는 붉은 벽돌을 통해 성수동의 어떤 과거를 기억하고 있는 것인가? 또한 현재의 성수동을 어떻게 관리하려는 것일까? 더 나아가 어떤 미래를 꿈꾸고 있을까?

붉은 벽돌, 성수동의 분위기와 딱 맞는 재료

성수동이 처음부터 멋진 동네였던 것은 아니다. 구두, 인쇄, 기계금속 공장이 즐비한 준공업지대, 회색 시멘트 먼지와 기름 냄새가 섞인 거리, 저녁이면 공장 기계 소음이 꺼지고 낡은 셔터만이 남는 동네. 이곳의 정체성은 오랫동안 생산과 노동의 공간이었다.

그 안을 채운 건축 재료 역시 시대의 조건을 고스란히 반영하고 있었다. 가장 저렴하면서도 튼튼한, 그래서 가장 흔했던 재료가 붉은 벽돌이었다. 성수동뿐 아니라 1980~90년대 서울 전역의 저층 주택과 작업장은 대부분 붉은 벽돌로 마감되었다. 누구도 그것을 아름답다고 생각하지 않았고, 특별하다고 여긴 적도 없었다. 붉은 벽돌은 필요에 의해 선택된, 도시의 가난한 골목을 지탱하던 재료에 불과했다.

하지만 역설적이게도, 성수동이 오늘날의 정체성을 갖게 된 것도 바로 이 남루한 재료 덕분이었다. 시간이 흘러, 도시의 많은 것들이 사라지거나 변해갔을 때에도, 이 벽돌은 그 자리를 지키고 있었다. 성동구는 이 벽돌을 단지 물리적 자재로 보지 않았다. 하나하나의 벽돌 안에, 이곳에서 일하고 살았던 사람들의 기억과 감정, 도시의 시간이 배어 있다고 보았다. 그것을 지우는 대신 드러내는 방식을 택한 이유다.

그 첫 시작은 우연이었다. 2015년, 성수 도시재생 사업을 본격적으로 추진하기 시작한 무렵, 성수동에서 '미스지콜렉션'을 운영하고 있던 지춘희 디자이너를 만나 조언을 듣게 되었다. 성수동을 둘러본 지춘희 디자이너는 "붉은 벽돌은 건축의 뿌리 같은 소재예요. 튀지 않지만 정직하고 따뜻하죠. 성수동의 분위기와 딱 맞는 재료예요. 이걸 중심으로 도시의 결을 잡아보는 건 어떨까요?"라고 제안했다.

사실 이 말을 듣기 전에도 성수동을 다닐 때면, 동네

성수동 블루보틀 카페 건물. 붉은 벽돌 건물을 활용하여 성수동 특유의 분위기를 살린 대표적인 상업 공간 사례 중 하나다.

곳곳에 남아 있는 붉은 벽돌 건물을 보며 뭔가 알 수 없는 감정에 휩싸이곤 했다. 나중에 알고 보니 비슷한 감수성을 느낀 사람들이 많았다. 지춘희 디자이너 같은 문화예술인들과의 만남은 이처럼 보통 사람들이 가진 막연한 감수성을 구체화시킬 수 있는 계기가 되곤 한다.

지춘희 선생의 제안이 있기 전에도 이미 대림창고가 붉은 벽돌 건물을 재활용해 많은 사람들을 끌어들이고 있었다. 벽을 헐어내지 않았고, 색을 칠하지도 않았다. 대신 기존의 결을 드러냈고, 공간을 정리하기보다 여백을 남겼다.

그 여백 속에서 사람들이 들어와 전시를 열고, 책을 읽고, 공연을 하며 시간을 공유했다. 도시의 가장 낡은 층 위에서, 가장 현대적인 감각이 자리를 잡았다. 이처럼 성수동의 붉은 벽돌은 물질로서 존재할 뿐 아니라, 기억의 촉매가 되었고, 감정의 매개가 되었다.

이와 같이 성동구가 붉은 벽돌을 매개로 한 디자인 정책을 추진하기 이전부터, 이미 성수동 사람들은 붉은 벽돌 건물에 대한 공감대를 형성하고 있었다. 따라서 붉은 벽돌은 정책이 만들어낸 결과라기보다는 성수동 사람들이 살아가며 이뤄낸 감각의 축적이면서, 거기서 창출한 암묵적 합의라고 볼 수 있다.

미스지콜렉션 쇼룸은 청담동에 있지만 생산공장은 성수동에 있다. 이번엔 디자인실도 성수동 건물로 일부 또 옮겨간다. 내가 좋아한 건 이 동네의 자연, 에너지, 사람들이다.

─ 지춘희(미스지컬렉션 대표), 《조선비즈》 인터뷰 중에서

그리고 이 합의의 내용은 '과거를 지우지 않고 새로움을 얹는 방식'으로 이 도시의 경관을 재구성하자는 것이었다. 도시학에서는 이런 입장을 '적응적 재사용adaptive reuse'이라고 부른다. 기존 건물을 원래 건축 또는 설계된 목적 이외의 목적으로 재사용하는 것을 가리킨다. 이런 방식이 많은 사람들로 하여금 도시에 대해 더 큰 애정을 갖고 머무르게 만들기 때문이다.

과거의 흔적 위에 새로움을 얹다

해외에서도 이와 유사하게 도시의 정체성을 복원하고, 그 위에 새로운 문화적 해석을 더해 성공한 사례들이 적지 않다. 영국 런던 템스강 남쪽, 사우스뱅크를 따라 걷다 보면 시야를 압도하는 거대한 벽돌 건물이 나타난다. 바로 '테이트 모던Tate Modern'이다. 원래 이곳은 뱅크사이드 화력발전소였다. 20세기 중반, 런던 시민들에게 전력을 공급하던 이 산업시설은 1981년 가동을 멈춘 뒤 한동안 폐허처럼 방치됐다. 그러나 2000년, 이 건물은 세계적인 현대미술관으로 다시 문을 열었다. 외벽의 짙은 벽돌은 여전히 그 시절의 중량감을 간직하고 있고, 터빈 홀의 높다란 공간은

옛날 고압 터빈의 위용을 떠올리게 한다. 빛이 드리운 깊은 그늘 속으로 들어서면, 갑자기 눈앞이 탁 트이며 세계적 작가들의 대형 설치미술이 펼쳐진다. 산업의 심장이었던 공간이 이제는 예술의 심장으로 뛰고 있는 것이다. 테이트 모던의 부활은 단순히 한 건물을 살린 것이 아니라, 사우스뱅크 일대를 런던의 대표 문화지구로 변모시키는 촉매제가 되었다. 주변에는 갤러리, 카페, 공연장이 잇따라 들어섰고, 주말이면 세계 각국에서 온 여행자들이 강변을 따라 끝없이 이어진 산책로를 거닌다.

대서양을 건너 미국 뉴욕 첼시 지구에 발을 들이면, 도시 한복판을 가로지르는 독특한 공원인 '하이라인High Line'이 눈길을 끈다. 이곳은 원래 1930년대 화물 운송을 위해 지어진 고가 철도였다. 한때 맨해튼 서부 산업지대를 종횡무진 달리던 철로는 1980년대 이후 산업 구조 변화로 더 이상 쓰이지 않게 되었고, 녹슨 철골과 부서진 침목 위로 잡초와 야생화가 무성하게 자라났다. 철거 계획이 나왔을 때, 지역 주민들과 디자이너들은 오히려 이 '버려진 시간'을 보존하자고 제안했다. 그 결과, 철로 위 자생한 식물들을 그대로 활용하고, 철골 구조를 유지하면서도 곳곳에 벤치와 조명, 예술 작품을 배치한 새로운 보행 공간이 탄생했다. 해 질 녘, 하이라인 위에 서면 멀리 허드슨 강의 물결이 반짝이고, 아래로는 뉴욕의 일상이 흐른다. 과거의 산업 흔적과 현재의 도시 생활이 나란히 이어지는 이 풍경

독일 베를린의 함부르크 반호프 현대미술관. 19세기 철도역 건물을 1990년대 미술관으로 재탄생시킨 사례로, 산업유산을 문화공간으로 성공적으로 전환했다.

은, 도시재생이 어떻게 사람과 기억, 풍경을 동시에 품을 수 있는지 보여준다.

독일 베를린 중앙역에서 북서쪽으로 조금만 걸으면, 고전적 아치와 대형 창문이 인상적인 건물이 나타난다. '함부르크 반호프Hamburger Bahnhof'다. 19세기 중엽, 함부르크와 베를린을 잇는 철도역이었던 이 건물은 1990년대 초 현대미술 전시장으로 재탄생했다. 유리 지붕 아래 쏟아지는 자연광은 과거 승객들이 기차를 기다리던 플랫폼을 은은하게 비추고, 그 넓은 공간에는 거대한 설치미술과 회화, 조각 작품이 어우러져 있다. 기차의 출발과 도착을 알리던 곳이 이제는 창작과 감상의 출발점이 된 셈이다. 과거 교통의 중심이었던 장소가 현대 문화의 중심으로 바뀌었지만, 그 속에는 여전히 철도역 특유의 개방감과 리듬이 살아 있다.

    이 세 곳은 모두, 도시의 오래된 구조물과 장소적 기억을 지우지 않고 오히려 그 위에 새로운 기능과 이야기를 덧입혔다. 그 덕분에 사람들은 그곳을 찾을 때마다 과거와 현재가 한 자리에 공존한다는 특별한 감각을 경험하게 된다. 산업과 예술, 교통과 문화, 버려짐과 재생이 한 공간 안에서 공명하는 것이다. 이는 성수동이 지켜온 붉은 벽돌 마을의 가치, 즉 과거의 질감과 현재의 생활을 함께 품는 도시의 힘을 잘 보여주는 세계적 사례들이다.

감각의 정치로 이룬 도시 디자인

4

도시가 사람을 감동시키는 순간

도시가 사람을 감동시키는 순간은 대부분 아주 사소한 경험에서 비롯된다. 벽돌 담장 위에 남겨진 오래된 문패, 귓가에 들리는 공방의 망치 소리, 창을 통해 스며드는 햇살이 오래된 벽면을 비출 때 우리는 설명할 수 없는 감정을 느낀다. 도시가 도시다워지는 순간은, 새로움에서 오기보다 오래됨을 어떻게 대하느냐에서 비롯된다.

넷플릭스 드라마 〈폭싹 속았수다〉를 보고, "애순과 관식에게서 어머니와 아버지를 느꼈다. 살아보지 않은 시대인데도 눈물이 났다"는 한 시청자의 감상을 통해 개인적이면서도 동시에 공유 가능한 정서가 무엇인지 알 수 있다. 이처럼 도시도 정서적 공명의 지점을 만들어낼 때 사람들에게 깊이 사랑받는다.

성수동의 붉은 벽돌 건물은 바로 그런 정서의 장소가

되었다. 젊은 창작자들은 이 낡은 건물에 손을 대면서, 일부러 과거를 지우지 않았다. 페인트칠을 하지 않은 외벽, 일부러 남겨둔 녹슨 간판, 벽돌 사이로 자란 이끼조차 그 공간을 살아 있게 만들었다. 공간은 전시를 위한 배경이 아니라, 기억을 위한 매개가 되었다.

이처럼 '정서적 도시'는 공간 그 자체의 아름다움이 아니라, 사람이 거기에서 무엇을 느낄 수 있는가에 따라 결정된다. 성수동에서는 그 감정이 붉은 벽돌을 통해 불쑥 다가온다. 오래된 재료, 반복된 흔적, 부딪힘의 결이 쌓인 표면이 오히려 새 건물에서는 느낄 수 없는 시간의 감촉을 남긴다.

이 감정은 세대를 초월하여, 1980년대 공장에서 일했던 사람들과 2020년대 카페를 운영하는 젊은이들이 같은 붉은 벽돌을 바라보며 서로 다른 감정을 느끼지만, 그 감정은 서로를 이해하고 장소에 대한 애정을 공유하는 통로가 된다. 성수동은 정서를 통해 도시를 연결하고, 세대를 통합하며, 장소에 공동체를 형성했다.

> 도시재생의 핵심은 '시간'이에요. 다 헐어버리고 새로 지어버리면 그건 건설이지 재생이 아니잖아요. 기존에 있는 것을 파괴하지 않고 새로운 것을 얹어 하나의 스토리로 만드는 것이 필요해요. 과

미국 럭셔리 라이프스타일 브랜드 Kith가 성수동에 첫 플래그십 스토어를 열었다. 붉은 벽돌로 대표되는 지역의 장소성과 어우러져 성수만의 감각을 만들어낸다.

> 거의 이야기를 끌어안고, 거기에 새로운 것들을 흡수시켜 나가야 고유의 문화가 만들어져요.
> ─ 홍동희(대림창고 갤러리 대표)

이제 성수동은 서울에서 가장 강력한 '감정적 장소성emotional placeness'을 지닌 지역 중 하나다. 사람들이 성수를 찾는 이유는 단순히 예쁜 카페나 독특한 상점 때문만은 아니다. 그것은 이 동네에 어떤 감정이 남아 있다는 것을 알고 있기 때문이다. 붉은 벽돌은 그 감정을 매개하고, 공간은 그 감정을 공유하는 장이 되고 있다.

1980년대 성수동 외할머니댁에서 유년시절을 보내다가, 49세가 되고 아주 오랜만에 성수동에 방문한 외국인의 이메일이 마음에 남아 소개한다.

> 정말 놀라웠던 건, 외할머니 댁에서 몇 걸음만 가면 나오는 성수의 활기찬 쇼핑 거리입니다. 저의 가족 모두가 이번 여행에서 가장 좋아한 장소였어요. 마치 과거와 현재가 가장 아름다운 방식으로 만난 느낌이었습니다. 저희 가족은 성수동 출신이라는 사실에 큰 자부심을 느끼고 있습니다.
> ─ 크리스 래딩 드림, 미국 조지아주 매리에타에서

'정서적 도시'로 접근하기

도시는 감정을 설계한다. 정치는 이념을, 경제는 이익을 설계하는 것과 마찬가지다. 도시 정책에서 이러한 감정을 설계하는 일은 '측정할 수 없는 무형의 유기체'라는 점에서 어렵다. 따라서 적지 않은 도시들이 감정 설계에 실패하며, 이는 그 도시에 찾는 사람들을 불편하게 만들고 결과적으로 사람들이 더 이상 그 도시를 찾지 않거나 머무르지 않게 만든다.

한때 서울시는 '세계 디자인 수도'를 자처하며, 이를 상징할 대규모 프로젝트로 동대문운동장을 철거하고 동대문디자인플라자(DDP)를 건립했다. 문제는 이 과정에서 수십 년간 시민들의 기억 속에 깊이 새겨져 있던 운동장과 그 주변의 일상 풍경이 한순간에 사라졌다는 점이다. 1925년에 개장한 동대문운동장은 서울 시민들에게 단순한 스포츠 시설이 아니라, 학교 운동회와 전국체전, 프로야구와 축구 경기, 각종 집회와 공연이 열리던 '도심 속 열린 광장'이었다. 운동장 앞 노점과 뒷골목 상권, 경기 날마다 몰려든 인파의 활기, 야구장의 잔잔한 흙냄새와 관중의 함성까지, 그 공간에는 세대를 넘어 공유된 감정의 층위가 켜켜이 쌓여 있었다.

동대문운동장은 야구인들에게도 단지 경기장이 아닌 삶의 터전이었다. 전직 메이저리거 김병현은 팬 카페에 장문의 글을 올려 이렇게 회고했다. "동대문 야구장은 화려하고 전통 있는 보스턴 홈구장이나 내게 우승 반지를 안겨 준 애리조나 홈구장보다 더 잊을 수 없는 장소다. 우승하면 기뻐서 웃고, 경기에 지면 억울해서 울었던 나 자신은 물론 많은 선배·후배·동문들에게도 추억과 향수가 있는 곳이다. (중략) 야구를 어디서 하든 상관없다고 생각하는 분들이 있을지 모르겠지만, 야구를 하는 사람들에게는 남다른 의미가 있다"면서 사라지는 장소에 대한 짙은 아쉬움을 드러냈다.

그러나 서울시는 2000년대 중반, 이러한 정서적 연계보다 '도시 경쟁력'과 '관광 자원화'를 앞세워 동대문운동장을 철거하고 자하 하디드 설계의 DDP를 건립했다. 수천억 원의 예산을 들여 완공된 DDP는 완공 직후부터 '도대체 무슨 용도의 건물인지 알 수 없는 기이한 조형물'이라는 평가를 받았다.

초기에는 시민이 일상적으로 머무를 프로그램이 부족했고, 거대한 비정형 외관은 주변 도시조직과 동선에서 단절된 느낌을 주었다. 동대문이라는 상징적 장소의 기억은 사라지고, 대신 낯선 곡면의 건물과 행사 중심의 공간이 들어섰다. '세계 디자인 수도'라는 슬로건은 허공에 울렸고, 감정을 읽지 못한 공공 프로젝트는 어떻게 실패하는지를 보여주는 사례로 남았다.

현대 도시 정책에서 계획 이전에 우선해야 할 것은 관찰이다. 도시를 사는 사람들의 정서적 동향, 그리고 그들의 움직임을 면밀히 파악해야 한다. 이와 괴리된 계획은 실현되기 힘들고, 설령 실현된다 하더라도 의미 있게 유지되기 힘들다.

성동구가 붉은 벽돌을 성수동의 과거와 현재, 미래를 담는 디자인 요소로 주목하기 이전부터 성수동 사람들은 붉은 벽돌 건물에 공명했고 모여들고 있었다. 한 문화예술인의 통찰력과 제언 덕분에 이미 움직이고 있던 성수동 사람들과 행정 사이가 연결될 수 있었다. 이 지면을 빌려 지춘희 디자이너에게 감사의 마음을 전하고 싶다.

도시 경관, 도시의 정체성을 표현하는 언어
2017년, '서울특별시 성동구 붉은 벽돌 건축물 보전 및 지원 조례'가 제정되며 행정은 붉은 벽돌 건축물을 단순한 노후 건축물이 아닌, 도시의 정체성을 담은 문화적 자산으로 천명하기 시작했다. 그런데 이 조례에서 말하는 '보전'은 단순히 원형을 보존하겠다는 의미가 아니었다. 조례의 명칭에 '보존'이 아닌 '보전'이라는 단어가 선택된 데는 이유가 있었다.

'보존'은 통상 문화재처럼 변경 없이 유지해야 하는 대상을 다루는 개념이다. 반면 '보전'은 변화 가능성을 열어두면서도 핵심적인 맥락과 가치를 유지하려는 접근이다. 성동구는 성수동의 붉은 벽돌 건축물을 절대적인 형태로 보존하려 한 것이 아니었다. 오히려 벽돌이 가진 물성과

정서적 이미지, 경관 구성의 가능성을 존중하되, 새로운 기능과 창의적인 해석을 허용하는 방향으로 정책을 설계한 것이다. 따라서 조례에는 '지원'이라는 단어가 함께 포함되어 있다. 이는 곧 성동구가 붉은 벽돌을 매개로 한 도시 디자인 정책에 성수동 사람들이 자율적으로 참여할 수 있게 적극 격려하겠다는 의지를 천명한 것이다.

조례는 성수동 내 붉은 벽돌 건축물의 외관을 유지하거나 보수할 경우, 리모델링 비용의 일부를 지원하거나 용적률 인센티브를 부여하고, 디자인 가이드라인을 통해 일관된 경관을 유도하는 내용으로 구성되어 있다. 이 조례의 기조는 강제하지 않되, 권장하고 지원하는 것이다. 주민과 건물주가 자발적으로 참여하고 선택할 수 있도록 제도의 문턱을 낮추고자 했다.

이를 위해 성동구는 붉은 벽돌 건축물의 전수조사를 시행하고, 유형별 보전 대상 건물 목록을 만들어 리모델링 시 사전 자문과 컨설팅이 이뤄질 수 있도록 체계를 구축했다. 건축허가 심의 단계에서 기존 경관과의 조화를 판단 기준으로 삼았으며, 주민 대상 설명회를 통해 '왜 붉은 벽돌인가'에 대한 인식도 확산시켰다.

더불어, 단순한 경관 가이드라인을 넘어 '붉은 벽돌 디자인 매뉴얼'을 제작해, 적합한 지재, 줄눈의 폭, 창문 비례, 마감재의 종류까지 일괄 제시함으로써, 자발적 선택이 일관된 결과를 낳도록 유도했다. 이를 통해 시민의 선택이 모여 각자의 개성을 살리면서도 통일성이 담보된 경관을 이루게 하는 구조가 만들어졌다.

이에 따라 서울숲 북측 아틀리에길을 중심으로 한 30여 곳의 건축물들이 붉은 벽돌 건물로서 리모델링되었다. 또다시 성동구는 이런 경험에 기초하여 디자인 매뉴얼을 보완하여 차후에 진행될 리모델링이 더욱 원활하게 진행될 수 있게 지원을 강화했다.

주목할 점은 이 정책이 초기부터 모든 것을 완성하려 하지 않았다는 데 있다. 조례와 제도는 '선언'이 아닌 '과정'이었다. 해마다 보완되었고, 사례가 쌓이며 정제되었고, 주민과의 피드백이 축적되며 정책의 방향이 조정되었다. 이에 따라 2022년부터 이 정책을 성수동 전역으로 확장했고 공공의 지원 없이 민간의 자발적 리모델링에 의해 신·개축된 건물까지 합해 현재 성수동에는 약 130개의 붉은 벽돌 건물이 들어서게 됐다.

이런 과정을 거치며 붉은 벽돌은 '디자인의 기준점'이 되었다. 엄밀히 말해, 조례 시행 이전을 기준으로 삼으면 성수동에만 특별히 붉은 벽돌 건물이 많았던 것은 아니다. 유서 깊은 몇몇 건물들이 있던 것을 빼면 그 비율은 서울의 다른 동네와 비슷했다. 그런 점에서 성동구의 붉은 벽돌 정책은 성수동의 역사적·지역적 맥락 속에서 붉은 벽돌을 성수동의 도시적 감각과 분위기를 공유하는 통일된 언어로 만들려는 시도였다고 평가할 수 있다.

한강변 대로를 사이에 두고 고층 아파트 단지와 마주한 붉은 벽돌 마을은 시각적으로 뚜렷한 대조를 이룬다. 성수동은 스카이라인을 버리는 대신, 리듬을 선택했다. 높이와 색, 재료와 창문 크기의 조화를 통해 '한 동네'라는 감각을 구성했다. 이것은 계획된 디자인이 아니라, 합의된 감각들의 조화가 이뤄낸 선율과도 같은 디자인이다.

SNS에서는 종종 "사진 찍으면 다 성수처럼 나와요"라는 말이 회자된다. 실제로 인스타그램에는 '성수동감성', '붉은벽돌마을' 같은 해시태그 아래 "벽돌색이 빛 받으면 더 예뻐서 계속 찍게 된다", "어느 골목을 가도 영화 속 한 장면 같다", "그냥 걷기만 해도 화보가 된다" 같은 글이 올라온다. 심지어 "여긴 서울 아닌 것 같다"라는 반응도 심심찮게 보인다. 이 말들은 곧 장소의 이미지가 사람들의 심상에 뚜렷하게 각인되어 있다는 뜻이다. 같은 각도로, 같은 질감으로 찍히는 도시. 그러나 이 유사성이 복제에서 비롯된 것이 아니라, 기억에서 비롯된 것이기에 사람들은 그 안에서 지루함이 아닌 안정감을 느낀다.

경관은 도시의 정체성을 가장 강력하게 표현하는 언어다. 성수동은 붉은 벽돌이라는 언어로 자신을 말하기 시작했다. 그것은 특정 건축물이나 거리를 넘어, 동네 전체에 깃든 어조와 억양이 되었다. 장소마다 조금씩 다른 색조와 배열을 유지하면서도 하나의 문장을 완성해내는 이 도시의 경관은, 한국 도시 디자인의 새로운 가능성을 보여준다.

성수의 방식은 확산될 수 있는가

5

'지우기'가 아닌 '덧칠하기'

성수동을 걷다 보면, 유난히 사진을 찍는 사람들이 많다. 특별히 안내판이 있는 것도 아니고, 관광지로 조성된 공간도 아니다. 그러나 어느 골목에서든 '이곳만의 느낌'을 직관적으로 인지할 수 있다. 이는 곧 붉은 벽돌을 매개로 구성된 성수동의 도시 디자인, 또는 경관이 이곳을 찾는 사람들에게 말을 거는 것으로 해석할 수 있다.

지금까지 우리나라 도시들은 흔히 '정비'라는 이름 아래 오래된 것을 지워왔다. 낡은 건물을 철거하고, 표준화된 마감재로 외장을 감싸며, 도시 이미지를 깔끔하게 정제한다. 그렇게 만들어진 풍경은 겉보기에 깨끗하고 질서정연하지만, 정체성 없는 도시가 된다. 장소는 단지 배경이 되고, 기억은 더 이상 남지 않는다.

이런 측면에서 성수동은 정반대 전략을 택했다. 그것

은 '지우기'가 아닌 '덧칠하기'로 불릴 수 있다. 본래 성수동도 서울의 다른 동네들과 크게 다르지 않았다. 서울의 도시 경관은 '지우기'와 '지우기'의 중첩이라 규정할 수 있다. 과거의 흔적을 치우고 각자의 취향에 따라 디자인된 건물들이 무질서하게 난립하는 도시다. 성수동도 마찬가지여서 동네 곳곳에 붉은 벽돌 공장이나 창고가 남아 있는가 하면 1970년대 유행했던 '불란서식' 지붕으로 치장된 2층 양옥들이 있고, 다른 한편으로는 1980~90년대 난립했던 성냥갑 같은 오피스 건물과 단독 주택, 또 다른 곳에는 2000년대 이후에 건축된 기기묘묘한 디자인의 빌딩들이 즐비하다.

　이런 조건에서 성동구가 추진한 디자인 정책은 성수동을 찾는 사람들, 또는 살고 있는 사람들이 특별한 감정을 품고 있는 붉은 벽돌이란 디자인 요소로 도시를 구성하는 다양한 건물들을 '덧칠'한 것이다. 이를 통해 성동구는 낡은 것을 남기면서 시간의 결을 드러내는 가운데, 다양한 시간의 흔적을 연결하고자 했다. 이는 단순한 미관을 조정하는 작업이 아니라, 도시의 시간 구조를 재해석하는 작업이다. 지우는 대신 덧칠한다는 것, 그것은 과거를 부정하지 않고 존중하며, 새로운 층위를 그 위에 얹는다는 의미다. 이를 통해 덧칠은 기억의 연속과 공유를 낳는다.

　요즘 들어 성수동을 찾는 사람들이 "느낌 있다"라고 말하는 것은 단지 벽돌의 물성 때문이 아니다. 그 벽돌이 새로운 재료와 충돌하거나 대조되는 방식, 시간이 남긴 흔적과 새로움이 어색하지 않게 나란히 놓이는 방식 때문이다. 낯선 것과 익숙한 것이 함께 있는 거리, 오래된 공간이 새로운 감각을 품는 장소다. 성수동의 붉은 벽돌은 바로 그 접점을 상징한다.

이를테면 대림창고는 50년이 넘은 오래된 건물이다. 이 건물 가까이에 위치한 '아더 성수 스페이스'는 2020년에 지어져 비교적 최근에 지어진 건물이다. 보통 이렇게 오래된 건물과 새 건물이 붙어 있으면 굉장히 어색하지만, 비록 질감은 다르더라도 붉은 벽돌로 지어졌기 때문에 두 건물은 시간의 단차를 드러내는 가운데 조화를 이룬다.

그런 측면에서 성동구가 이질적인 건축물 위에 붉은 벽돌의 질감을 덧씌운다는 것이 경관의 규격화를 뜻하는 것은 아니다. 오히려 그것은 '통일'보다는 '조율'을 의미한다. 제각기 다른 시대와 의도를 지닌 건물들을 하나의 감각 안으로 수렴시키는 일이다. 과거의 것을 남기되, 그것을 현재에 맞게 해석하는 감각이 필요하다. 도시 디자인에서 가장 어려운 일은 낡은 것과 새로운 것의 균형을 잡는 일인데, 성수동은 이를 물리적으로도 정서적으로도 조화시킨 사례다.

무엇보다 중요한 점은 이 경관이 사람들과 소통하고 있다는 사실이다. 다시 말해, 이 도시의 장면들은 우연한 배경이 아니라, 사람들에게 의미 있는 메시지를 전달하는 풍경이다. 성수동은 붉은 벽돌이라는 재료를 통해 시간의 언어, 장소의 정서, 도시의 서사를 동시에 말한다. 덧칠된 경관은 복잡하지만 혼란하지 않고, 겹쳐 있지만 뒤섞이지 않는다. 그 질서의 감각이 도시의 언어가 되었고, 성수동은 그 언어를 스스로 말하고 있다.

성수의 방식은 확산될 수 있는가

성수동의 붉은 벽돌 마을은 단지 지역 경관의 재구성이 아닌, 도시 정책의 방향성과 공공의 역할을 재정의한 실험이었다. 이러한 '성수동 방식'이 다른 지역으로 확산될 수 있는지는 복합적인 질문이다.

성수동의 사례가 특별했던 이유는, 그 시작이 '계획'이 아니라 '발견'이었기 때문이다. 공간이 먼저 말을 걸었고, 사람들은 그 분위기에 반응했으며, 행정은 이를 존중하고 뒷받침했다. 대부분의 도시 정책이 '계획 → 집행 → 조정'의 선형 구조를 따르는 반면, 성수는 '감각 → 관찰 → 조율'이라는 유기적 흐름으로 구성되었다.

성동구의 행정이 이와 같이 작동할 수 있었던 것은 정책을 일방적인 지침이 아니라, 다양한 이해관계자의 생각과 감정, 의지를 담는 플랫폼으로 간주했기 때문이다. 이 플랫폼 안에서 시민과 행정, 예술가와 기획자가 함께 도시를 읽고, 감각을 공유하며, 방향을 조율해 나갔다. 사람들의 감각과 일상이 먼저이고, 행정은 거기에 귀 기울이며 정책을 다듬었다. 이는 과거의 개발 중심 도시 정책과는 전혀 다른 철학적 전환이다.

이러한 방식이 다른 지역에서도 가능할지는 몇 가지 조건에 달렸다. 성수동에는 붉은 벽돌이라는 물리적 흔적이 있었고, 1980~90년대 준공업지대라는 공통된 지역 경험이 존재했다. 또한 이를 읽고 해석할 수 있는 주민, 창작자, 기획자들이 공존했으며, '계획되지 않은 감각'을 감지한 행정이 있었다. 이 네 가지 축이 유기적으로 맞물리며 성수동 방식이 실현되었다.

다행히도, 이러한 감각 기반의 도시재생 방식은 이제 전국 여러 도시에서 저마다의 색깔로 피어나고 있다. 인천 배다리 마을은 그중에서도 가장 상징적인 사례다. 동인천역에서 남쪽으로 조금만 걸어가면, 좁고 구불구불한 골목길 사이로 낮은 건물들이 옹기종기 모여 있는 풍경이 펼쳐진다. 일제강점기 이후 형성된 전통 골목 위에 근현대 산업유산이 층층이 쌓여 있는 이곳은, 2000년대 중반 경인운하 건설과 대규모 도로계획으로 한때 철거의 위기에 몰렸다. 그러나 주민들과 문화예술가들이 직접 "이 골목은 도시의 뿌리"라며 나섰다. 버려진 인쇄소를 갤러리로, 빈 상가를 북카페로, 오래된 양복점을 예술 작업실로 바꾸는 자발적 운동이 이어졌다. 그 결과 배다리는 대규모 개발 대신 장소의 기억을 존중하는 '도시적 저항'의 모델로 자리 잡았다. 주말이면 오래된 주물간판이 달린 건물 앞에 사진을 찍는 젊은이들, 인쇄소를 개조한 전시장에서 소규모 공연을 즐기는 시민들이 이 골목을 채운다.

전주 풍남동은 잘 알려진 한옥마을의 그림자 속에서 조용히 변화를 일으킨 동네다. 한옥마을 담장을 벗어나면, 1970~80년대에 지어진 양옥과 오래된 상가 건물들이 어깨를 맞대고 서 있다. 이곳의 재생은 '한옥만이 전주의 얼굴이 아니다'라는 선언에서 시작됐다. 오래된 상가 건물의 벽에 지역 작가의 벽화를 그리고, 빈집을 책방과 공방으로 바꾸며, 전통과 근대의 건축물들이 서로의 배경이 되도록 연결했다. 골목길을 걷다 보면 기와지붕 너머로 붉은 벽돌 양옥이 보이고, 그 옆에서는 바느질 소리가 들려온다. 관광객들은 한옥마을에서 한 걸음 더 나와, 이 혼합된 풍경 속에서 전주의 또 다른 표정을 발견한다.

> 도시재생은 사람이 중심이 되어야 해요. 사람과 문화를 중심으로 한 도시재생을 통해 사람들을 모이게 하는 본질이 무엇인지 고민해야 해요. 제가 창고와 공장을 문화공간으로 만든 것도 같은 이유에서예요. 이 문화유산들이 다 헐리고 유리 박스로 된 건물들만 생겨나면 도시는 삭막해지잖아요. 과거의 흔적과 새로운 문화, 그리고 현대적인 건물들이 조화롭게 섞여 있어야만, 그곳에 사는 사람들도 행복하고 방문객도 만족하며 자연스럽게 도시로 유

입될 수 있어요. 이러한 어우러짐이야말로 사람들이 움직이는 원동력이자 도시재생의 기본이라고 생각해요.

―홍동희(대림창고 갤러리 대표)

부산 초량동은 영도와 북항을 잇는 물류 거점이자 피란민들의 삶이 켜켜이 쌓인 동네다. 좁고 비탈진 골목과 가파른 계단길을 오르면, 바닷바람이 스치는 언덕 위에 작은 피란촌 가옥들이 다닥다닥 붙어 있다. 옥상마다 빨래가 펄럭이고, 골목 끝에서는 항구의 크레인과 바다 풍경이 동시에 들어온다. 이곳의 도시재생은 단순히 골목을 정비하는 것을 넘어, 오래된 집과 계단, 골목에 깃든 이야기들을 수집하고 보존하는 데 초점을 맞췄다. 동네 어르신들의 구술을 기록해 안내판에 새기고, 옛 사진과 지도를 전시하는 작은 박물관을 만들었다. 계단을 오르는 방문객들은 그저 전망만이 아니라, 이 언덕에서 버텨온 사람들의 시간을 함께 오르게 된다.

　세 곳 모두의 공통점은 '화려한 신축'보다 '겹겹의 시간'을 존중했다는 점이다. 그곳을 찾는 사람들은 건물의 외형보다 골목의 공기, 오래된 벽의 질감, 사람들의 표정에서 더 깊은 매력을 발견한다. 과거와 현재가 맞닿은 그 풍경 속에서 도시의 미래 역시 더 오래 숨 쉴 수 있다는 믿음을 확인한다.

그러나 모든 도시가 이처럼 '기억의 언어'를 기반으로 재생에 성공하는 것은 아니다. 서울 도심 한복판의 일부 정비 사업은 그 한계를 여실히 보여준다.

도시에는 똑같은 답이 없다

세운재정비촉진지구의 초기 개발 구간이 그렇다. 청계천 변을 따라 형성된 세운상가는 한때 전자의 메카로 불렸다. 전파사, 기계부품 상점, 금속 가공소, 소규모 인쇄업체들이 빽빽하게 들어서 부품 하나, 나사 하나까지 당일 제작·구매가 가능했다. 전선 냄새와 기름 냄새가 뒤섞인 골목, 선반을 켜는 금속음, 주문을 받는 상인의 짧은 외침이 일상의 배경음이었다. 그러나 재정비촉진지구 1단계 구간에서 진행된 개발은 이 산업 생태계와 도시 맥락을 충분히 고려하지 않은 채, 대규모 철거와 고층 상업·업무시설 중심으로 진행됐다. 철거가 시작되자 수십 년간 한 자리를 지켜온 점포들은 뿔뿔이 흩어졌다. 그 자리에는 유리 커튼월로 마감된 고층 건물이 들어섰지만, 과거 이곳을 찾던 발길과 골목 안의 활기는 함께 사라졌다. 한 상인은 "건물은 새로 지었지만, 우리가 모여 만든 시장은 없어졌다"라며 씁쓸해했다. 장소에 쌓여 있던 기억의 결이 잘려 나간 순간이었다.

을지로3가 일대의 일부 리모델링 사례 역시 유사한 문제를 드러낸다. 좁은 골목 안쪽, 쇠 파이프와 활자 틀, 잉크 냄새로 가득하던 인쇄 골목이 있었다. 종이 묶음을 짊

어진 인부들이 바삐 오가고, 작은 인쇄 기계들이 쉼 없이 돌아가던 풍경은 그 자체로 산업의 거리였다. 하지만 일부 구역에서 진행된 리모델링은 이 산업성과 실용성을 지운 채, 레트로풍 카페와 문화 상업시설로 대체되었다. 겉보기에는 옛 간판과 낡은 벽돌을 살린 듯했지만, 그 속은 더 이상 인쇄와 제작이 이루어지는 공간이 아니었다. 커피 머신 소리가 인쇄기 대신 울려 퍼지고, 진열대에는 기계 부품 대신 기념품이 놓였다. 한 업주는 "간판은 그대로인데 안에 들어오면 전혀 다른 가게라, 예전 손님들이 헷갈려 한다"라고 했다. 외형만을 흉내 낸 복제된 기억이 원래의 맥락을 대체한 셈이다.

이 두 사례는 공통적으로, 공간의 흐름을 관찰하거나 그 내부에 축적된 감정을 발견하는 과정 없이, 특정 행정가나 전문가의 단선적 견해가 도시 전체에 덧씌워진 결과였다. 도시가 살아온 맥락을 무시한 디자인은 오히려 장소의 감각을 마비시키고, 시민과의 정서적 연결을 끊는다. 외형은 비슷해 보여도, 그 안에 살아 있는 기억과 감정이 빠져버린 도시 디자인은 결국 사람들의 공감과 참여를 이끌어내지 못한다는 뼈아픈 교훈을 남겼다.

성수동의 붉은 벽돌 정책을 단순히 모방하는 방식으로는 비슷한 효과를 내기 어렵다. 붉은 벽돌은 그저 외형적인 재료가 아니라, 그 속에 축적된 시간과 기억, 감정이 뒤섞인 감각적 기호다. 다시 말해, 성수동이 도시 디자인의 모범이 된 이유는 특정 건축 양식이나 시각적 통일성 때문이 아니라, 그 장소에 깃든 서사와 정서를 어떻게 읽어내고, 이를 공공 정책의 언어로 번역했는지에 있다.

단순히 '좋은 디자인'을 반복하는 것만으로는 성공적인 도시재생을 할 수 없다. 도시마다 고유의 역사와 그곳에서 살아온 사람들의 기억이 다르기 때문이다. 성수의 방식이란 바로 성수만의 '이야기'를 찾아낸 데 있다. 성수동의 붉은 벽돌은 하나의 기호다. 중요한 것은 그 기호가 어떤 방식으로 장소의 감정과 연결되는가이다. 어느 도시든 자신만의 기호를 가질 수 있고, 또 가져야 한다. 그 기호는 특정 재료일 수도 있고, 골목의 흐름일 수도 있으며, 오래된 간판 하나나 시간의 흔적이 남은 벽돌 줄눈일 수도 있다. 그것을 감지하고, 존중하고, 해석해내는 역량이 도시 정책의 출발점이 되어야 한다.

도시에는 똑같은 답이 없지만, 성수동은 그 질문에 대해 어떤 방식으로 접근할 수 있는지를 조심스럽게 보여준다. 이 방식은 누구나 따라 할 수 있는 정답이 아니라, 한 도시가 자신만의 감각과 조건 속에서 고민하며 만들어낸 합의의 결과였다. 우리는 그것을 그대로 모방할 수는 없지만, 그 접근법과 태도에서 많은 것을 배울 수 있다. 기억을 정책으로, 감정을 경관으로, 시민을 도시 계획의 동반자로 삼은 성수동의 실험은 지금도 진행 중이며, 앞으로 도시들이 참고할 수 있는 하나의 가능성으로 남게 될 것이다.

PART 3

성수형 사회계약, 젠트리피케이션 방지 조례

지속가능한 성수,
다음 장을 설계하다

← 성수동 골목길 풍경. 과거 공장지대의 붉은 벽돌 건물과 새로 들어서는 현대식 건물이 공존하며, 젠트리피케이션과 도시재생의 역동적인 과정을 보여준다.

> "뜨는 동네를 만드는 것보다 더 어려운 일은
> 그 동네의 매력을 지키는 일이다."

초기 성수동은 '한국의 브루클린'이라 불렸다. 하지만 '한국의 브루클린'은 마냥 달가울 수만은 없는 이름이었다. 브루클린은 한편으로 '홍대·합정'이기도 했다. 도시가 뜨고, 자본이 몰리고, 임대료를 포함한 부동산 가격 전반이 빠르게 상승하면서 정작 도시를 바꾼 주역들이 더 이상 그곳에 머물 수 없게 되는 문제, 이른바 '뜨는 동네의 역설' 젠트리피케이션에서 자유롭지 않았다.

브루클린의 변화는 한 번의 사건이 아니라 단계적으로 진행됐다. 처음에는 예술가들과 청년들이 낡은 공간에 새 생명을 불어넣었고, 이어서 관광객과 방문객이 몰리며 동네가 주목받기 시작했다. 그다음 개발자와 투자자가 유입되며 고급 주택과 상업시설을 지었고, 부동산 가격이 폭등하면서 임대료를 감당할 수 없게 된 기존 주민들이 밀려났다.

결국 브루클린은 도시재생의 성공과 실패를 동시에 보여주는 상징이 되었다. 낡고 쇠퇴하던 동네가 예술과 문화로 새로워졌지만, 그 성과를 만든 사람들은 주인공이 되지도 자리를 지키지도 못했다. 문화와 자본, 창의성과 개발, 공동체와 시장의 균형이 무너질 때 어떤 결과가 오는지 여실히 드러난 사례였다.

우리는 성수동의 초기부터 젠트리피케이션을 고민했다. 성수동이 '한국의 브루클린'이라면 좋은 점만 닮는 것으로 그치지는 않을 터였다. '뜨는 동네의 역설'은 예정된 것과 다름없었다. 구청장으로 처음 일을 시작한 2014년에 소소하지만 이미 그런 징후가 여러 곳에서 감지되었다. 이대로 방치하면 자생적으로 만들어진 성수동의 활기가 신기루처럼 사라질 것 같았다. 지역재생의 소중한 성과를 그냥 내줄 수는 없었다. 상황이 더 심각해지기 전에 제대로 대응해야 했다.

이 장에서는 자본의 속도를 막기 위해 '제도화된 연대', 즉 '성수형 사회계약'을 만들어낸 이야기를 담았다. 임대료 상승이라는 기존 법의 사각지대에 맞서, 어떻게 전국 최초로 '젠트리피케이션 방지 조례'를 설계하고, '상생협약'과 '주민협의체'라는 도구로 동네의 매력을 지켜냈는지 그 과정을 상세히 기록했다.

이 작은 동네의 정책 실험이 어떻게 대한민국 상가임대차보호법을 바꾸는 데까지 미쳤는지, 성수동의 지속가능성을 위한 10년 간의 분투를 총망라했다.

제도화된 연대,
성수동을 지키는 조례

1

정치적 부담을 넘어선 결단

성동구청장으로 일하게 된 첫해인 2014년 10월의 어느 날, 성수동에서 활동하는 청년 창업자들과 문화예술인들을 만났다. 그들은 성수동의 새로운 기운을 만들어낸 주역들이었다. 그런데 그 자리에서 나온 말은 의외였다. 그때 만났던 청년들은 얼마 전까지 신촌과 이대 등지에서 활동했다고 했다. 그곳에서도 비슷한 방식으로, 오래된 동네를 재해석하고 변화를 만들어낸 이들이었으나, 결국 그 동네를 떠날 수밖에 없었다고 토로했다. 이유는 단 하나, 임대료였다.

실제로 임대료가 낮은 도심지 낙후 지역에 청년 뉴커머스, 문화예술인 등이 들어가 상권을 살려놓으면 임대료가 폭등하여 동네를 살린 주역들이 쫓겨나는 역설적 현상이 지역만 바꾼 채 연달아 반복해서 일어나고 있었다.

문제는 그 다음이었다. 청년들이 떠난 빈자리는 한껏 높아진 임대료를 감당할 수 있는 대기업 프랜차이즈로 채워지며, 거리의 문화적 다양성은 획일화되었다. 골목마다 각기 다른 맥박으로 뛰던 문화는 사라지고, 유사한 체인 브랜드의 상점들로 가득해지며 거리의 활력은 쇠락하고 공실이 점차 늘어났다. 이는 더 이상 돈이 돌지 않는 거리로 변질되는 결과를 낳았다.

당시 성수동이 유망한 상가 부동산 투자 지역으로 떠오르고 있다는 신문 기사가 심심찮게 보도되었다. 지역 부동산 시장을 알아보니 아직 심각한 지경은 아니지만 이대로 방치해두면 성수동에서도 앞선 핫플레이스에서 일어났던 현상이 반복될 수 있겠다는 생각이 들었다. 새롭게 돈 아니며 활력을 찾아가던 도시 생태계가 위협받기 전에, 돌이킬 수 없는 현실이 되기 전에 개입할 필요가 있다고 판단했다.

하지만 쉽지 않았다. 구청 내외부에서는 반대가 적지 않았다. "재선을 포기했냐"라는 노골적인 말도 들었다. 당시만 해도 부동산 개발은 여전히 가장 강력한 선거 전략이었다. 당시로부터 6년 전인 2008년 총선에서 뉴타운 개발 및 재개발 찬반 여부가 후보들의 당락을 갈랐던 기억이 생생했다. 국회의원이든 지자체장이든 '대형 개발 하나쯤은 있어야 한다'는 것이 정치권의 통념이었다.

아무 고민도 없었다면 거짓말일 것이다. 도시재생과 젠트리피케이션 대응을 위해 추진해야 했던 정책 때문에 자칫 '개발을 막는 구청장'이라는 낙인이 찍히거나 재선이 어려워질지도 모른다는 걱정이 있었다. 그러나 성수동을 직접 걸으며 했던 생각, 청년들의 말을 들었던 시간, 그리고 그들의 걱정 속에 담긴 실질적인 불안을 외면할 수는 없었다. 그리고 성수동이 발전하기 위해 흐름을 유지해야 하는 것은 명확했다.

그래서 함께 일하는 공무원들에게 말했다. "방법을 찾아보자, 사람을 지키는 방법을. 이 동네의 흐름을 유지할 수 있는 정책을 만들자." 그렇게 젠트리피케이션이라는 당시에는 낯설었던 현상에 대응하기 시작했다. 설령 이 결정 때문에 재선이 어려워진다 해도, 이제 막 싹을 틔우는 성수동의 새로운 정체성과 흐름을 지키고 싶었다.

개별 협상을 넘어 '제도'가 필요했던 이유

젠트리피케이션 방지 정책을 준비하던 2014~15년 당시만 해도 '젠트리피케이션'이라는 말은 도시학자들 사이에서만 유통되던 전문 용어였다. 나중에 '젠트리 닥터'라는 별명을 얻게 되었지만, 성동구 또한 당시에는 이 용어를 정확히 알지 못했다. 성수가 신촌·이대처럼 되는 것을 예방하기 위한 정책을 만들겠다는 생각으로 여러 보고서와 책을 연구하고 전문가들의 조언을 구했다.

그즈음 '젠트리피케이션'이라는 용어의 의미를 명확히 알게 되었다. 낙후된 동네에 뉴커머스 및 문화예술인들이 들어와 동네를 살리면 임대료가 올라, 도시를 활성화시킨 주역들과 원주민들이 쫓겨나는 현상을 말한다. 이러한 현상들이 세계 주요 도시에서 오래 전부터 반복되어 왔다는 사실을 확인했다.

뉴욕, 파리, 도쿄, 베를린에서 일어난 젠트리피케이션과 각각의 도시 정부들이 어떻게 대응했는지 공부했고 이를 성수동의 현실에 맞게 수정한 일종의 정책 패키지를 만들었다. 이런 정책들을 추진하기 위해서는 우선 법·제도적 근거가 필요했다. 지역상권의 임대료 상승에 지방정부가 개입한 선례가 없었기 때문에 기존 법률에 기대어 정책을 추진하기 힘든 상황이었고, 일시적 행정조치나 협조 요청으로는 자본의 속도를 따라잡기 어려웠다.

따라서 성동구는 성수동을 지키고 지역 발전의 지속가능성을 담보하기 위해 '젠트리피케이션 방지 조례' 제정이란 낯설지만 필연적인 길로 나아가게 됐다. 기존 법령은 '임대인과 임차인의 계약 자유'를 원칙으로 하고 있었고, 상가임대차보호법 또한 그 보호 대상을 일정 기간 내에 한정하고 있었다. 한 사람, 한 건물주와 협상하는 방식으로는 흐름을 지킬 수 없었다. 그래서 우리는 제도를 만들어야 했다. 동네 전체의 공간 생태계를 보호할 수 있는 조례, 다시 말해 성수형 사회계약의 출발점이 필요했다.

성수동 골목길에서 열린 플리마켓 풍경. 붉은 벽돌 건물 앞 거리에 좌판이 늘어서고, 시민들이 여유롭게 물건을 구경하며 활기찬 분위기를 만들고 있다. 성수동은 이처럼 거리 곳곳에서 열리는 다양한 마켓과 행사로 유명하다.

조례의 세 가지 핵심 장치

이를 위해 1년여 간 준비 끝에 2015년 9월, 성동구는 전국 최초로 '서울특별시 성동구 지역공동체 상호협력 및 지속가능발전구역 지정에 관한 조례'를 제정했다. 이 조례는 단지 '상가 보호'에 국한된 것이 아니라, 지역 내 공동체 생태계 전체를 정책적으로 지켜내기 위한 총체적인 틀을 담고 있었다.

조례의 핵심은 다음 세 가지였다.

(1) 특별 관리 구역 지정
'지속가능발전구역' 지정 제도 도입 후 성동구는 일정한 기준에 따라 지역 내에서 젠트리피케이션 발생 우려가 있는 지역을 '지속가능발전구역'으로 지정할 수 있도록 했다. 구역으로 지정되면 해당 지역에는 공공 개입이 가능해진다. 임대료 상승, 프랜차이즈 입점, 상권 구조의 급변 등에 대응하는 행정수단이 정당화되었다.

(2) 건물주와 가게 주인의 상생협약 지원
'상생협약제도'를 운영하여 임대인과 임차인이 자발적으로 상생협약을 체결하면, 일정 기간 동안 임대료 인상률을 제한하거나 재계약 우선권을 보장하는 등의 내용을 담을 수 있도록 했다. 구청은 이 협약에 참여하는 건물주에게는 용적률 인센티브 등의 혜택을 주며 참여를 지원했다.

(3) 입점제한 심의제도, 상호협력주민협의체 운영
성수동 서울숲길 일대를 중심으로 대형 프랜차이즈나 외부 자본의 진입을 조율하기 위해 '상호협력주민협의체'를 운영했다. 이 협의체에는 임차인, 임대인, 창작자, 주민 등 다양한 주체가 참여했고, 입점 대상 사업체에 대한 심의를 통해 지역상권의 문화적 연속성을 지켜냈다.

이 조례는 단순한 규제가 아니었다. 오히려 지역의 주체들이 자율적으로 합의와 판단을 내릴 수 있도록 보장한 '제도화된 상생 구조'였다. 성동구가 조례를 통해 전달하고자 했던 메시지는 "구청이 간섭하겠다"가 아니라 "주민들이 스스로 동네를 지킬 수 있도록 우리가 돕겠다"는 것이었다.

조례가 제정되고 정책이 본격적으로 추진되는 시점에는 이런저런 우려와 비판도 많이 제기됐다. "건물주 재산권 침해 아니냐", "자유로운 시장경제에 어긋난다"라는 목소리가 들려왔다. 또한 상위법과의 충돌을 지적하지만 실상은 왜 긁어 부스럼 만드냐는 중앙정부 관료의 핀잔을 전해 듣기도 했다. 더불어 기존에는 지자체에서 건드리지 않던 문제를 성동구가 다룬 것이기 때문에 이를 신기해 하며 동시에 향후 추이에 관심을 드러내는 언론 보도도 적지 않았다. 그 과정에서 '젠트리피케이션'이라는 용어는 대중에게 널리 알려지게 되었다.

이에 대해 우리는 젠트리피케이션은 단지 시장 논리

로 설명될 수 없는 인위적인 시장 왜곡의 결과라는 점을 분명히 했다. 이를 방치하면 단지 몇몇 상인의 퇴거에 그치는 것이 아니라, 지역의 정체성, 공동체의 역사, 도시의 다양성 자체가 무너지는 결과를 초래할 수 있으며, 지역을 지키기 위해 이 일은 반드시 해야 한다고 사람들을 설득했다.

당시 사람들에게 자주 언급했던 비유가 바로 '황금알을 낳는 거위'였다. 눈앞의 단기적 이익을 위해 임대료를 무작정 올려, 도시를 활성화시킨 주역들이 떠나면 결국 도시는 재생의 원동력을 상실하고 다시 쇠락의 길을 걷게 된다. 이는 황금알을 낳는 거위의 배를 가르는 것과 같은 어리석은 행위이며, 이를 예방하기 위해 젠트리피케이션 방지 정책을 추진했던 것이다.

조례의 실천,
제도에서 현장으로

2

제도는 시작일 뿐

조례가 제정되었다고 모든 것이 끝난 것은 아니었다. 제도는 시작일 뿐이었다. 진짜 어려움은 그 제도를 실현 가능하게 만드는 일이었다. 2015년 9월 조례가 통과된 이후, 성동구는 곧바로 실행 단계에 착수했다. 그 첫걸음은 상생협약이었다.

2015년 10월부터 성동구는 건물주, 임차인, 구청이 함께 맺는 3자 간의 자율 상생협약 체결을 본격화했다. 협약의 핵심은 단순했다. 건물주는 임대료를 일정 수준 이상 올리지 않겠다는 약속하고, 임차인은 점포 운영을 통해 골목의 분위기와 상권을 지켜내며, 구청은 이에 대해 인센티브나 공공지원으로 뒷받침하는 구조였다.

하지만 이 단순해 보이는 계획을 실행하는 것은 쉽지

않았다. 재산권 침해라며 반발하는 건물주들도 있었고 구청이 왜 이런 문제에 나서냐며 어리둥절해하는 분들도 적지 않았다. 성동구는 이에 6급 이상 간부 공무원 48명의 자발적 참여로 총 127명의 건물주를 직접 찾아가서 설득하기 시작했다. 공무원들은 젠트리피케이션이 얼마나 위험한지, 무작정 월세를 올리면 결국 동네의 특색이 사라져 손님이 끊기고 건물 가치까지 떨어지게 된다는 사실을 논리적으로 설명했다. 즉 '가게와 동네가 함께 잘 되는 것이 장기적으로 건물주에게도 이득이다'라는 점을 경제적·공동체적 논리로 설득했다.

황금알을 낳는 거위의 비유는 이때 유효했다. 지금 당장 임대료를 두 배로 올리면 이익처럼 보이지만, 결국 골목의 다양성과 감도가 사라지면 사람들도 사라진다. 그리고 사람이 떠난 거리에는 자산가치도 따라 하락한다. 이 설명은 설득력이 있었고, 실제로 많은 건물주들이 자발적으로 상생협약에 참여하기 시작했다.

> 과도한 임대료 인상으로 생긴 공실에는 비싼 임대료를 감당할 수 있는 유흥주점이나 술집들이 들어올 수 있게 되죠…. 이런 점 때문에 입점 제한이나 동의에 있어 지역 주민들이 함께 고민해 보자는 구청의 제안이 통했던 것 같습니다. 게다가 "정부에서 예산을 들여 인도를 만들어 주고 도로를 정비

해 준다는 자체는 우리는 돈 하나 안 들이고 지역을 살리는 효과가 있지 않냐', '그런 것도 우리에겐 이익인데 이게 임대인만 다 가져갈 수는 없다. 임차인도 같이 나눠야 한다'는 얘기에 대한 공감대가 있었습니다. 당시 지역에 사는 건물주가 많았던 점도 이런 논리에 동의하는 건물주가 많은 데 한몫한 것 같습니다.

— 송규길(상호협력주민협의체 위원장)

그 결과, 2016년 58개소에서 시작된 상생협약 건물은 2023년 기준 지속가능발전구역 내 431개 건물 중 247개소로 늘어났다. 숫자보다 더 중요한 변화는, 상생이라는 가치에 공감하는 건물주들이 임대료 폭등을 유도하는 움직임이 나타날 때 먼저 구청에 연락해 제보하는 수준으로 발전했다는 점이다.

정책이 일방통행이 되지 않기 위해서는, 정책의 수요자가 집행과정에 직접 참여해야 했다. 이를 위해 조례에 기반하여 '상호협력주민협의체'가 출범했다. 이 협의체는 단순한 자문기구가 아니라, 지속가능발전구역 내 대기업 프랜차이즈 입점 여부를 실질적으로 심사하고 승인 여부를 결정하는 실행 기구였다.

공공 자산화 전략, '성동안심상가'

젠트리피케이션은 단지 경제적 현상이 아니라 도시의 문화적 다양성과 공동체 생태계를 위협하는 구조적 문제다. 이러한 인식은 프랑스 파리에서도 공유되었다. 파리는 2000년대 초부터 도시 계획을 통해 젠트리피케이션 예방을 위한 추진했다.

대표적인 사례가 2006년에 시행한 '보호상업가로' 지정이다. 파리시는 전체 도로 길이의 약 16%에 해당하는 259km 구간을 보호상업가로로 지정하고, 해당 구간의 1층 상가를 소매업과 수공업 용도로만 사용하도록 제한하였다. 이를 통해 대형 프랜차이즈의 무분별한 진입을 막고, 지역의 고유한 상권과 문화를 보호하였다.

또한, 파리는 2004년에 '비탈 카르티에' 사업을 통해 쇠퇴한 상업 지역을 활성화하고자 하였다. 파리 동부 도시계획 경제협회 SEMAEST가 나서서 비어 있거나 매물로 나온 상가를 매입하여, 이 상가를 시세보다 저렴하게 소규모 상인들에게 임대한다. 이를 통해 지역상권의 다양성과 지속가능성을 확보했다.

파리는 젠트리피케이션을 단순한 시장 논리로만 보지 않고 문화적 다양성과 공동체 생태계를 보호하기 위해 노력했으며, 성동구의 젠트리피케이션 방지 정책도 이러한 국제적 사례를 참고하여 설계되었다.

실제로 편의점, 제과점, 화장품 가게 등 대중적 브랜

드가 들어오고자 할 때, 해당 업종이 골목의 생태계와 충돌하는지, 기존 상권을 잠식하는지를 주민, 임대인, 임차인이 함께 검토했다. 필요성이 높다고 판단되면 입점이 허용되었고, 그렇지 않을 경우 부결되었다. 주민이 도시의 흐름을 설계하는 모델이 현실화된 것이었다.

2016년 9월, 성동구는 서울숲길, 방통대길, 상원길 일대를 최초의 '지속가능발전구역'으로 지정했다. 젠트리피케이션이 특정 거리에서만 발생하는 것이 아니라 주변 골목으로 번지는 '풍선효과'를 방지하기 위한 선제적 조치였다. 당시는 서울숲길이 가장 먼저 주목받고 있었지만, 우리는 다음 타깃이 될 공간이 방통대길과 상원길이라는 점을 충분히 예견할 수 있었다. 그래서 조례가 효력을 갖는 범위를 넓힌 것이다. 지속가능발전구역으로 지정된 지역에는 입점 제한, 용적률 인센티브, 상생협약 유도, 조례 적용 우선권 등이 복합적으로 작동했다.

젠트리피케이션에 가장 취약한 주체는 바로 초기 창작자, 소상공인, 사회·경제적 주체였다. 이들을 위한 보다 근본적인 보호 수단이 필요했고, 그래서 등장한 개념이 '성동안심상가'였다. 구청이 민간건설사와 협의하여 확보한 부지에 공공기여로 상가를 조성하고, 이를 공공 임대 방식으로 운영하는 '공공 자산화 전략'이었다.

성수동 2가 284-22번지 일대에 조성된 안심상가 빌딩은 2018년 8월 개관 이후 1~3층은 상가 및 미술전시관,

성동안심상가 빌딩. 젠트리피케이션으로부터 소상공인과 창작자들을 보호하기 위한 '공공 자산화 전략'의 대표적인 사례다. 공공기여로 확보한 부지에 상가를 조성하여, 시세의 70% 수준 임대료와 최대 10년 임차 보장 등 안정적인 활동 환경을 제공한다.

4~6층은 소셜벤처 사무실, 7~8층은 메이커스페이스 등으로 활용되고 있다. 이후에도 성수동에 총 18개 점포와 1개 복합건물형 안심상가가 추가 조성되어 10년 임차 보장, 시세 대비 70% 임대료 등 안정된 환경에서 창업과 활동을 지속할 수 있도록 하고 있다.

> 안심상가 대상자로 선정이 되었을 때 주변에서 "로또 맞았다"라고 할 정도로 굉장히 부러워하고 저도 기대를 많이 했어요. 건물 이름처럼, 정말 안심이 돼요.
> — 윤복순(성동안심상가 'ㅇ'김밥 점주)

> 신촌에서 20년 가까이 책방을 운영했어요. 당시 건물주가 건물을 팔면서, 새로운 건물주가 임대료를 배로 올렸어요. 여전히 임대료가 가장 큰 걱정이지만, 안심하고 장사할 수 있게 한다는 취지로 만든 안심상가 덕분에 조금은 마음이 놓여요.
> — 왕복균(성동안심상가 공씨책방 점주)

시장을 지키는
젠트리피케이션 방지 정책

3

사후 통제가 아닌, 사전 예방이 핵심

성동구의 젠트리피케이션 방지 정책은 종종 오해를 받곤 했다. 가장 흔한 비판은 "부동산 가격 상승을 억제하려는 것 아니냐", "자기 건물 자기가 알아서 하는 건데 왜 구청이 간섭하냐"였다. 이 말은 반은 맞고, 반은 틀렸다. 정책의 본질은 '가격 억제'가 아니라, '시장 왜곡 차단'이었다.

도시가 발전하면 당연히 부동산 가격이 오른다. 사람이 모이고, 공간의 활용도가 높아지고, 유동과 소비가 활발해지면 자산 가치는 상승한다. 이것은 도시경제의 필연적 법칙이다. 우리는 그것을 부정하지 않았다. 오히려 그 흐름이 성수동의 미래를 떠받치는 핵심이라고 보았다.

문제는 그 상승이 건강한 발전의 결과가 아니라, 투기를 목적으로 한 외부 자본의 유입으로 인해 왜곡될 때 발생한다. 우리는 젠트리피케이션을 단지 임대료가 오르는 현상으로 보지 않았다. 그보다는 도시의 가치가 제대로 실현되기도 전에, 그 가치를 수익으로 전환하려는 세력이 먼저 침투하면서 생기는 구조적 붕괴로 이해했다.

이런 메커니즘은 홍대 상권 등기부등본 331장을 분석하며 젠트리피케이션 현상을 심층 진단한 2016년 7월 4일자 《한겨레》에서 발견된다. 기사는 홍대·상수역 인근 상가 331채의 등기부등본을 분석한 결과, 해당 지역이 본격적으로 '뜨기' 이전부터 상가를 집중 매입한 법인과 개인 투자자들이 존재했음을 밝혀냈다. 이들은 임차인을 내보낸 뒤 임대료를 급격히 올리거나 리모델링 후 더 높은 임차인을 들이는 방식으로 투기 수익을 추구했다.

주목할 것은 이들의 매입 시점이었다. 대부분은 젠트리피케이션이라는 단어가 대중적으로 회자되기 이전부터 이미 상가를 선점하고 있었다. 이는 젠트리피케이션이 단순히 시장 메커니즘의 자연스러운 결과가 아니라, 일부 투기세력에 의해 구조적으로 기획되고 조장된 현상일 수 있다는 점을 시사한다.

우리는 바로 그 지점에서 개입해야 했다. 젠트리피케이션이 본격화되기 이전, 투기세력이 흐름을 장악하고 공간 구조를 선점하기 전에, 자율성을 보장하면서 거래구조와 시장질서가 왜곡되지 않고 균형을 유지할 수 있게 공정한 규칙을 만들어둘 필요가 있었다. 한번 시장이 왜곡되면,

그 자체가 하나의 독자적 메커니즘을 형성하면서 정치와 행정의 개입으로 시정할 수 없는 상태로 비화될 수 있기 때문이다.

따라서 젠트리피케이션 대응은 사후 통제가 아니라 사전 예방이 핵심이다. 시장이 정상적으로 작동할 수 있는 환경을 조성하려는 노력은 도시의 경제적 지속가능성을 담보하기 위한 최소한의 공공 개입이었다. 황금알을 낳는 거위가 있다는 이유로 그 배를 가르려는 어리석음, 젠트리피케이션 방지 정책은 바로 그 어리석음을 사전에 차단하는 장치였다.

다시 말해, 이 정책은 부동산 가격 상승 자체를 억제하려는 것이 아니었다. 오히려 그 상승이 실질적 변화와 창의적 흐름에 기반해 '정당하게' 일어나도록, 시장의 질서를 유지하고 지키는 정책이었다. 만약 도시의 평판과 소문만으로 자산 가치가 상승한다면, 그것은 거품이 된다. 그리고 거품은 반드시 터진다. 그 피해는 언제나 먼저 그곳에 있던 이들에게 돌아간다.

한 동네의 정책 실험,
나라의 법과 제도를 바꾸다

4

한 동네의 정책에서 나라의 법으로

성수형 젠트리피케이션 방지 정책의 핵심은 단순히 조례를 만들고 행정을 집행하는 것에 그치지 않았다. 더 근본적인 문제는 법이었다. 아무리 지역 차원에서 상생을 외치고 자발적인 협약을 맺어도, 상위법이 바뀌지 않으면 지속 가능한 보호는 불가능했다.

실제 현장에서 가장 자주 마주친 상황은 이랬다. 임대료가 갑자기 오르면, 임차인은 대응할 방법이 없었다. 당시 상가건물임대차보호법상 계약갱신요구권은 최대 5년이었고, 그 이후에는 임대인이 재계약을 거부해도 이를 제어할 장치가 없었다. 법은 이미 약자의 편이 아니었다.

지방정부의 행정만으로는 이 구조를 근본적으로 바꿀 수 없었다. 그래서 우리는 조례의 테두리를 넘어, 법을 바꾸는 일에 나섰다. 성동구는 맘상모(맘편히장사하고싶은상인모임), 한상총련(한국중소상인자영업자총연합회) 등 시민사회단체와 손잡고, 상가건물임대차보호법 개정운동을 본격화했다. 현장 사례를 수집하고, 피해 당사자들과 공청회를 열고, 국회에 입법 청원을 제출했다. 지방정부가 입법운동의 최전선에 나선 이례적인 장면이었다.

이 운동의 구심점이 된 것이 바로 '젠트리피케이션 방지와 지속가능한 공동체를 위한 지방정부협의회'다. 2016년 6월, 성동구를 비롯한 전국 33개 지방자치단체가 모여 출범한 협의회는 젠트리피케이션에 대응하기 위한 전국 지방자치단체 간의 상호 협력 체계를 구축하고, 법·제도 개선, 공동 캠페인, 연구, 입법 청원, 시민사회 연대 등 다양한 활동을 전개했다. 나아가 상가임대차보호법, 지역상권상생법, 부동산거래법 등 '젠트리피케이션 대응 3법'의 통합적 개정을 목표로 한 공동성명 발표와 입법토론회를 지속적으로 추진하며, 지방정부가 국가 입법의 방향을 선도하는 거버넌스 모델을 제시하고 있다.

또한 이 과정에서 성동구는 다수의 언론 기고와 보도자료를 통해 법 개정의 쟁점을 대중에게 설명하고 여론을 환기시켰다. 핵심은 분명했다. 현재의 법은 임대료 상승 앞에 무방비 상태인 임차인을 보호하지 못한다는 것이다. 이에 따라 계약갱신요구권을 10년으로 연장하고, 임대료 인상 상한제를 법제화해야 한다는 주장이 꾸준히 이어졌다.

동시에 우리는 '지역상권 상생 및 활성화에 관한 법률' 제정 운동을 펼치기도 했다. 성동구의 젠트리피케이션 방지 조례를 벤치마킹하여 만들어진 이 법은 상권 단위의 상생협약, 지역 상생구역 지정, 자율조정기구 설치 등을 법률 차원에서 보장하는 내용을 담고 있다. 성동구가 조례에 의거해 추진한 지속가능발전구역 지정 및 운영, 상생협약과 주민협의체 같은 정책이 젠트리피케이션이 우려되는 모든 지역에서 시행될 수 있도록 하기 위해 만들어진 법률이었다.

그 결과 2018년 10월, '상가건물임대차보호법'이 개정되었다. 계약갱신요구권은 기존 5년에서 10년으로 확대되었고, 임대료는 전년도 대비 최대 5%까지만 인상 가능하도록 제한되었다. 비록 환산보증금 제도의 존치 등 일부 한계도 있었지만, 이 개정은 상가 임차인 보호를 위한 법제도의 흐름을 근본적으로 전환시킨 분기점이었다.

그리고 2021년 7월, '지역상권 상생 및 활성화에 관한 법률'이 국회를 통과했다. 이 법의 제정은 지방정부가 만든 조례가 중앙정부의 법률로 확장된 드문 사례다. 성수동에서 시작된 실험이 대한민국 전체의 법과 제도로 정착된 것이다. 이는 단지 행정의 결과가 아니라 지역에서 발생한 갈등과 고민, 실천과 제안이 국가의 법체계에 반영된 결정적 사례였다.

문제를 가장 먼저 인식한 지방정부가 현장에서 해법을 실험하고, 그것을 정책과 제도로 전환하며, 마침내 국가 입법까지 이끌어냈다. 우리는 이 과정을 '정책이 도시를 바꾼 것'이 아니라, '도시가 정책을 만들어낸 것'으로 기억하고 싶다.

이와 더불어 성동구는 도시재생이 젠트리피케이션을 동반할 가능성이 높다는 점에서 앞으로 도시재생을 추진하는 지역에서는 관련 정책을 병행하게 해야 한다고 중앙정부에 계속 건의해 왔다. 이 역시 반영되어 국토교통부는 2018년 '도시재생 뉴딜사업 가이드라인'과 사업공모지침에서 상생협약 체결, 임대료 모니터링, 지역상권 보호방안 등 '사업구역 내 젠트리피케이션 방지를 위한 조치계획'을 제출하게 규정한 바 있다.

성수동은 서울의 한 동네이지만, 이곳에서 일어난 일은 한 지역을 넘어 대한민국 도시 정책의 새로운 기준이 되었다. 우리는 정책으로 시작했지만, 결국 법을 만들었고, 그 법은 지금도 이 동네의 사람들을 지켜내고 있다.

지속가능한 성수,
다음 장을 설계하다

5

숫자로 증명된 성과: 임대료 상승 속도를 늦추다

성동구는 2015년부터 전국 최초로 젠트리피케이션 방지 정책을 도입하고, 지속가능발전구역을 지정하여 임대료 안정을 위한 다양한 제도적 장치를 마련해왔다. 성수동을 중심으로 시행된 이 정책은 '상호협력 및 지속가능발전구역 지정에 관한 조례' 제정을 기반으로, 상생협약과 대기업 프랜차이즈 입점 제한 등 실질적인 조치를 포함하고 있었다.

그 결과는 수치로 확인된다. 성동구의 자료에 따르면, 2016년부터 2023년까지 성수동 지속가능발전구역 내 주요 골목상권의 상가 임대료는 연평균 2~6%대의 낮은 상승률을 유지했다. 성수동의 임대료 상승 속도는 정책적 개입을 통해 확실히 완화된 것이다. 또한 2023년 기준, 성수동 지속가능발전구역 내 431개소 중 247개소(약 57%)의 건물주가 자발적으로 상생협약에 참여하여 일정 기간 임대료를 동결하거나 제한적으로 인상하고, 기존 임차인의 안정적인 영업을 지원했다.

그러나 10년이 지난 현재, 성수동의 부동산 가격은 여전히 지속적으로 상승하고 있다. 임대료 상승 속도가 늦춰졌다는 점에서 정책의 성과는 분명하다. 하지만 도시발전의 축적은 자산 가치를 상승시키는 요인이 되며, 그 자체를 원천적으로 막을 수는 없다. 젠트리피케이션의 흐름은 늦출 수는 있어도, 본질적으로는 새로운 개입 방식이 요구된다.

이제는 변화된 환경에 맞춰, 새로운 전략을 모색해야 할 시점이다. 성동구는 2023년 지속가능발전구역을 성수동 전체로 확대 지정했다. 그러나 이것만으로는 충분하지 않다. '환산보증금' 제도의 개편 또는 철폐가 대표적이다. 환산보증금은 상가건물임대차보호법상 임차인이 보호받을 수 있는 기준으로, 보증금과 월세를 일정한 방식(월세×100+보증금)으로 합산한 금액이다.

지속가능한 도시 생태계 구축

2024년 기준, 서울특별시의 환산보증금 상한선은 9억 원이다. 즉, 보증금과 월세를 환산한 금액이 9억 원 이하일 경우에만 계약갱신요구권(최장 10년)과 권리금 회수기회 보장 등의 법적 보호를 받을 수 있다. 그러나 성수동처럼 상권이 발전한 지역에서는 보증금 수억 원에 월세 수백만 원대가 일반화되면서, 환산보증금 기준을 초과하는 상가가 속출하고 있다. 이에 따라 임차인의 상당수가 상가건물 임대차보호법의 보호를 받지 못하고 있다.

최근 성수동 상가 중 환산보증금 9억을 넘는 임대 매물이 20%를 넘는 것으로 조사되었다. 성수의 상징처럼 알려진 대림창고, 할아버지 공장, 어니언과 같은 대형 복합문화공간은 대부분 환산보증금 9억을 넘는 곳들이다. 환산보증금 기준을 초과한 곳들은 갱신계약을 하며 두 배 이상 임대료가 올라 폐업이나 이전을 결정한 사례가 많아지고 있다. 애초에 성동구의 주장대로 환산보증금 제도가 폐지되었다면 성수동이라는 도시 문화의 상징을 만든 창작자들이 정작 그 공간에 머무르지 못하게 되는 일은 발생하지 않았을 것이다.

매우 안타까운 일이다. 이런 일이 재발되지 않게 하려면 보다 적극적인 조치가 필요하다. 환산보증금 폐지처럼 관련 법률의 미비점을 보완하는 작업과 함께, 창조적 혁신가들이 도시의 주체로 살아갈 수 있도록 하는 공간 전략을 추진할 필요가 있다.

지금까지 젠트리피케이션의 폐해를 사전에 감지하고 차단하는 데 주력했다면, 이제는 일정 구역 단위의 공공적 개입과 민관 협력 운영 모델을 통해 한 단계 더 나아가야 한다. 창의적인 주체와 지역이 공동으로 공간을 운영함으로

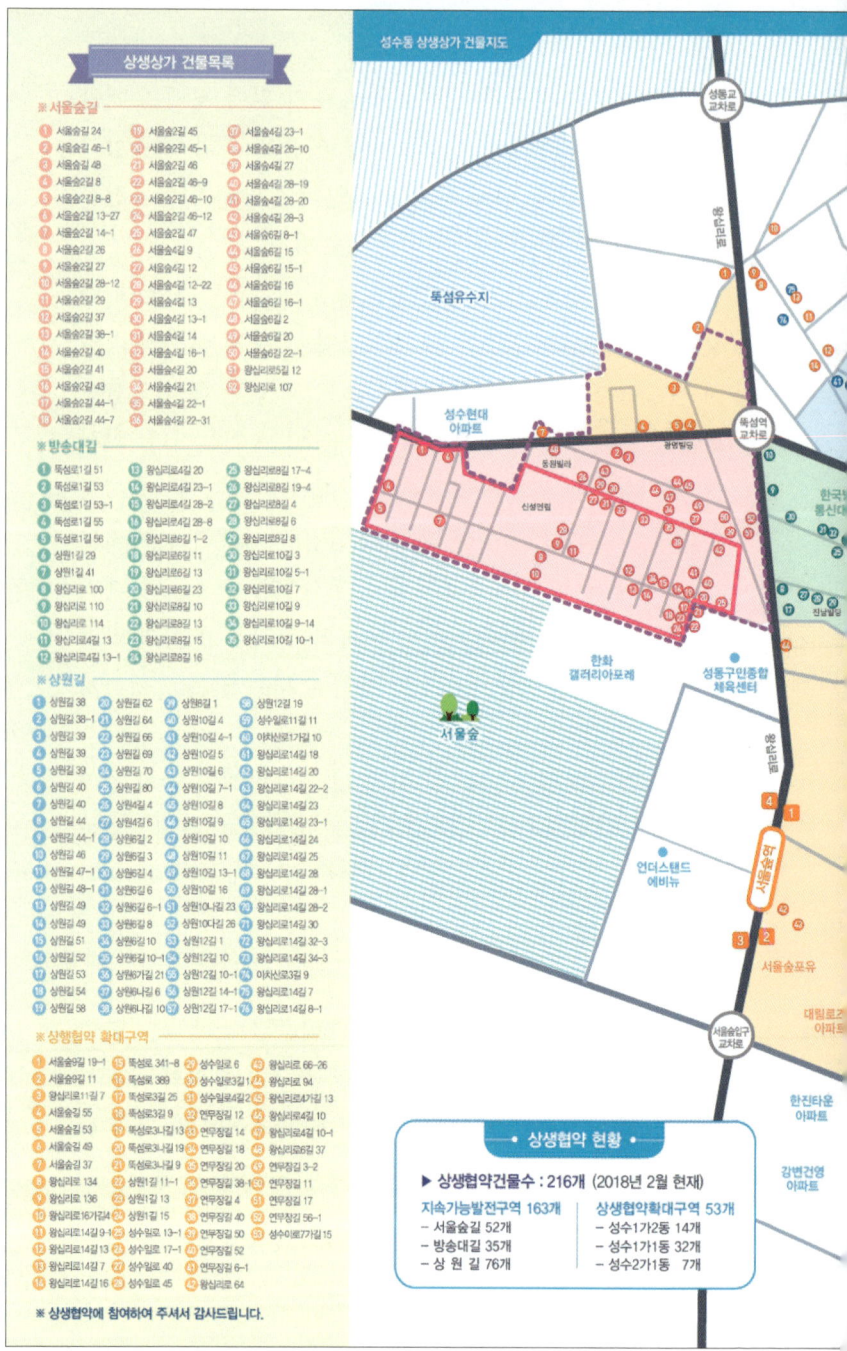

성수동 상생상가 건물 지도. 상생협약 체결 빌딩 현황을 확인할 수 있다.

써, 자본에 의한 도시 공간의 변화와 공존할 수 있는 지속 가능한 도시 생태계를 구축하는 확장된 전략이 필요하다.

이를 위해 성동구는 민관 협력 기반의 타운매니지먼트 방식을 도입하고, '크리에이티브×성수'와 같은 실험을 통해 도시 내 다양한 주체들이 공존할 수 있는 생태계를 설계하고 있다. 젠트리피케이션은 단순히 시장을 넘어, "우리는 어떤 동네를 만들고, 어떤 가치를 지키며 살 것인가?"와 같은 사회적 질문을 낳는다. 성동구는 이 질문 앞에서 끊임없이 행동으로 응답해왔다. 뜨는 동네를 만드는 것보다 더 어려운 일은 그 동네의 매력을 지키는 일이다.

젠트리피케이션 방지 조례 및 법 제·개정 과정

단계	시기
젠트리피케이션 방지 전담 TF구성	2015.08
젠트리피케이션 방지 조례 선포식	2015.09
상생협약 체결을 위한 간부진 매칭	2015.11
성수동 상생협약식(1차)	2015.12
상호협력주민협의체 위촉	2016.02
젠트리방지법(지역상권법) 제정·공포	2021.07

PART 4

사회혁신 도시, 성수동

사회혁신의 실험실에서 세계적인 도시로

← 성수동 골목길 담벼락에 붙은 'WE MAKE SEONGSU' 포스터. 로컬 제조업체들이 공동 브랜딩을 통해 자생적 경제 생태계를 만들려는 '위메이크성수' 프로젝트를 상징적으로 보여준다.

"무엇보다 의미 있는 변화는,
성수동에 둥지를 틀기 위해 모여드는 기업들 스스로
'성수다움'에 동의하고
그것을 함께 구현하려 한다는 사실이다."

2000년대 중반까지만 해도 성수동은 활기를 잃은 준공업 지역이자 노후한 저층 주거지에 불과했다. IMF 외환위기 이후 수많은 제조업체가 문을 닫거나 다른 지역으로 떠났고, 한때 사람들의 땀과 기계 소리로 가득 차 있던 붉은 벽돌 공장들은 텅 빈 채 남아 있었다. 좁은 골목마다 늘어서 있던 주택들도 세월의 흔적만 남긴 채 낡아가면서, 지역은 점점 쇠퇴의 길로 들어섰다.

그러나 그 빈자리를 메운 것은 대규모 자본이 아니었다. 버려진 공간에서 가능성을 발견한 것은 오히려 상상력이었다. 청년 뉴커머스, 문화예술인, 크리에이터들이 성수동에 들어와 새로운 실험을 시작했고, 이곳은 어느새 창작과 혁신이 어우러지는 거대한 실험실로 변모했다. 낡은 창고는 갤러리와 작업실로, 오래된 공장은 공연장과 스튜디오로 다시 태어났다. 버려진 공간이 새로운 콘텐츠로 채워지자 골목마다 활력이 돌기 시작했다.

이 변화에 불을 지핀 또 다른 주역은 사회문제를 해결

하려는 의지로 도시를 실험 무대로 삼은 사회혁신 기업가들, 즉 소셜벤처였다. 공정무역을 실천하는 청년, 지속가능한 먹거리를 제안하는 창업자, 지역 공동체와 협력하는 기업가들이 성수동을 터전으로 삼았다. 이들은 개인의 성취를 넘어 사회적 가치를 창출하며 성수동을 '소셜벤처 밸리'로 불릴 만큼 역동적인 공간으로 만들어냈다.

놀라운 점은 이 흐름이 정부가 설계한 것이 아니라, '루트임팩트'나 '소풍벤처스' 같은 민간 플랫폼과 투자자들이 모여 자생적으로 만든 '풀뿌리 생태계'였다는 것이다. 성동구는 이 에너지를 지키는 것이 공공의 역할이라 확신했다. 전국 최초로 '소셜벤처 지원 조례'를 만들고, '성동 임팩트펀드'를 조성했으며, '소셜벤처 엑스포'라는 무대를 열었다.

창의적인 시도와 혁신이 지속되기 위해서는 이를 뒷받침할 제도적 기반이 필요했다. 2025년, 성동구는 예술가와 크리에이터, 소셜벤처가 만든 성수동의 활력을 지켜내기 위한 제도로 '타운매니지먼트' 방식을 도입했다. 이는 행정이나 자본의 일방적인 개입이 아니라, 지역을 구성하는 다양한 이해관계자가 함께 참여하고 관리하는 새로운 지역 운영 모델이었다.

이 장은 성수동이 어떻게 '사회혁신의 실험실'에서 '세계적인 도시'로 진화하고 있는지, 그 핵심 동력과 미래 전략에 대한 이야기다.

소셜벤처,
사회혁신의 새로운 엔진

1

사회적 가치와 비즈니스의 결합

소셜벤처란 사회적 문제 해결을 주된 목적으로 하면서도 혁신적인 비즈니스 모델을 통해 경제적 이익을 함께 추구하는 기업을 의미한다. 공공 부문이 다루기 어려운 복잡한 사회문제를 민간의 창의성과 유연성으로 접근한다. 단순한 기부나 복지가 아닌 '시장 메커니즘'을 통해 스스로 생존하고 확장할 수 있다는 점에서 기존의 사회적 기업과 구별된다.

소셜벤처는 창업가 개인의 철학과 동기에서 출발하는 경우가 많으며, 공공성·혁신성·수익성이 유기적으로 결합된 구조를 지향한다. 한국에서는 '사회적 기업육성법' 이후 이러한 기업의 제도적 정체성이 본격화되었으며, 성수동은 이러한 흐름의 선도적 실험지 역할을 했다.

대표적인 비즈니스를 통한 사회적 문제 해결 사례로는 방글라데시의 '그라민 뱅크Grameen Bank'가 있다. 가난한 사람들의 착한 은행으로 알려져 있는 그라민 뱅크는 세계 최초의 무담보 소액 대출 은행이다. 방글라데시의 많은 빈곤층이 고리대금업자에게 빌린 돈의 이자를 갚느라 빈곤에서 벗어나지 못하는 사회적 문제가 있었다. 담보 없이는 일반적인 은행에서 대출을 받을 수 없기에 빈곤층은 더 악순환에 빠져들게 된다. 이에 무함마드 유누스는 150달러 미만의 돈을 담보와 신용 보증 없이 빌려주는 신용 대출 은행을 설립했다.

무담보 대출로 가축과 농사 장비같이 최소한의 생산성을 담보해주면 빈곤의 악순환을 끊을 수 있다는 이 아이디어로 2006년 설립자는 노벨평화상을 수상하기도 했다. 그라민 뱅크는 단순히 착한 일을 하는 기업이 아니다. 금융과 관련한 핵심 인력과 체계적인 대출 상환 지원 시스템으로 성장한 기업이다. 예를 들어 그라민 뱅크의 이자는 연 20% 수준이며 회수와 대출은 금융기법에 따라 관리한다. 신용 보증은 필요 없지만 빈곤층 사회에 깊숙한 활동으로 자연스럽게 연대 책임 구조를 만들고 빚을 상환할 수 있는 사회적 분위기를 만든다. 보고된 바에 따르면 2024년 누적 대출액은 52조 원에 이르며 4500만 명의 가난한 국민에게 소액 대출을 제공했다. 회수율 또한 98%에 달하는 것으로 나타났다.

또 다른 사례로는 영국의 '빅이슈The Big Issue'가 있다. 1991년 런던에서 설립된 이 잡지는 홈리스 문제를 '구호'가 아니라 '기회'로 해결하려는 시도에서 출발했다. '기회를 파는 잡지A Hand Out, Not a Handout'라는 슬로건 아래, 홈리스들이 직접 잡지를 구입해 거리에서 판매하고, 그 수익을 통해 생계를 유지하는 구조를 만들었다. 초기에는 몇 명의 판매자에서 시작했지만, 곧 런던 전역으로 퍼져나가며 안정적인 자립 수단으로 자리 잡았다. 판매자는 '벤더'라 불리며, 단순히 잡지를 파는 것을 넘어 지역사회와의 연결고리를 형성했다.

빅이슈는 단순한 인쇄매체를 넘어 사회적 미디어 플랫폼으로 진화했다. 콘텐츠에는 사회문제, 문화, 예술, 지역 커뮤니티의 이야기를 담아 독자들에게 의미 있는 읽을거리를 제공했고, 잡지 판매를 통해 홈리스들이 경제적 독립과 자존감을 회복하도록 지원했다. 현재 이 모델은 호주, 일본, 한국 등 6개국으로 확산되어 각국의 상황에 맞게 운영되고 있다.

그라민 뱅크와 빅이슈는 서로 다른 분야에서 활동하지만, 공통적으로 시장 메커니즘을 활용해 사회문제를 해결하고 있다는 점에서 의미가 깊다. 전자는 금융 시장에서, 후자는 지역사회 현장에서 '사회적 가치와 경제적 지속가능성의 결합'이라는 소셜벤처의 핵심 정신을 실천한 성공적인 사례로 평가받는다.

2015년 8월 19일에 진행한 소셜벤처 기업가 간담회 현장. 소셜벤처 기업가들이 임대료 상승으로 인해 쫓겨나지 않도록 정책적 지원이 필요하다는 제안이 있었고, 젠트리피케이션 방지 정책을 적극 추진하는 또 한번의 계기가 되었다.

　　이러한 해외 사례들은 성수동이 품은 소셜벤처들과 맞닿아 있다. 성수의 소셜벤처는 단지 사회적 가치를 말하는 것이 아니라, 그것을 구현할 지속가능한 모델을 고민하고 실행에 옮기는 실천 주체다.

　　이제 성수동은 단지 과거의 기억을 재해석하는 동네가 아니라, 사회혁신과 도시재생 그리고 경제와 공동체가 만나는 접점을 실험하는 현장이 되었다. 소셜벤처는 그 핵심 에너지원 중 하나다.

위: 디웰하우스. 사회혁신가들을 위한 공유 주택으로, 성수동 소셜벤처 생태계 초기 커뮤니티 형성에 기여했다.
아래: 카우앤독. 2015년 문을 연 성수동의 초기 코워킹 스페이스 중 하나로, 다양한 사회혁신가들이 모이는 공간이 되었다.

헤이그라운드 성수시작점. 루트임팩트가 운영하는 사회혁신가들을 위한 커뮤니티 오피스로, 입주사 간의 협력과 네트워크 형성을 지원한다.

설계되지 않고 자생한 '풀뿌리 혁신 생태계'

성수동의 소셜벤처 생태계는 누군가 위에서 "벤처 단지를 만듭시다!" 하고 돈을 들여 설계한 게 아니다. 문제를 해결하려는 청년 사회혁신가들이 하나둘 모이면서 자연스럽고 자발적으로 형성된 '풀뿌리 혁신의 생태계'였다. 외부 자본의 이익 논리나 정부 주도의 단기 프로젝트가 아니라, 현장에서 체감한 필요와 사람 간의 연대가 출발점이었다.

이 연대를 구체화하기 위하여 '디웰하우스'라는 사회혁신가들의 공유 주택이 만들어졌다. 여기서 각자의 여정을 치열하게 고민하고 서로 응원하면서 시너지를 냈다. 서울숲길 안쪽에 위치한 2014년에 문을 연 디웰하우스는 2020년 운영을 종료하기까지 72명의 사회혁신가와 인연을 맺었다.

그 중심에는 사회혁신 플랫폼 '루트임팩트'와 이를 설립한 정경선 대표가 있었다. 루트임팩트는 디웰하우스를 운영했으며, 현재는 사회혁신가들의 공유오피스인 '헤이그라운드'를 운영한다. 정경선 대표는 현대그룹 창업주 고(故) 정주영 회장의 손자이자, 아산나눔재단 설립과 사회공헌사업을 주도해온 청년 사회혁신가다. 그는 '단순히 기부하는 것만으로는 세상을 바꿀 수 없다'라는 문제의식에서 이 일을 시작했다. 사회문제를 해결하려고 뛰어드는 청년들이 안정적으로 일하고, 생활하며, 서로 연결될 수 있는 기반을 마련하는 것이 더 중요하다고 보았다. 이 철학이 성수동에 뿌리내린 루트임팩트의 방향을 결정지었다.

헤이그라운드는 일반적인 공유 오피스나 스타트업 입주 공간이 아니다. 사회혁신가, 비영리 단체, 임팩트 스타트업들이 입주해 함께 일하며 비전을 공유하고 지지해 주는 사회적 가치 기반의 커뮤니티 오피스다. 입주자는 한 건물 안에서 자연스럽게 만나고, 식사를 나누고, 프로젝트를 함께 기획한다. 헤이그라운드는 단순한 물리적 장소를 넘어 '같은 방향을 향해 나아가는 사람들의 집합체'로 설계되었고, 이를 통해 신뢰와 협력이 쌓이는 네트워크가 만들어졌다.

루트임팩트는 이 커뮤니티 안에서 교육, 멘토링, 네트워킹, 투자 연계까지 가능한 통합적 지원 체계를 운영한다. 행정이나 대기업 후원이 아니라, 민간이 주도해 만든 한국 최초의 사회혁신 플랫폼이라는 점에서 상징성이 크다.

> Q: 왜 성수동을 소셜 생태계의 본거지로 삼았나?
> A: 2013년 여름부터, 우리 사회를 바꾸는 '체인지메이커'들을 위한 지속가능한 인프라 구축이 필요하다고 생각했다. 효과를 극대화하기 위해서는 생태계를 만드는 것이 중요했다. 공동 주거·업무가 가능한 물리적 커뮤니티로부터 그런 생태계가 비롯된다고 보았다. 그들을 위해 교과서를 만들 거나 돈을 지원하는 것이 아닌, 사회혁신 기업 생태계를

만들어 더 많은 시도를 할 수 있도록 이끌고 싶었다. 여러 부지를 물색하다 지난해 2월 성수동에 왔는데, 서울숲도 가깝고 교통편도 좋은 데다 무엇보다 동네가 차분해서 마음에 들었다. 접근성이 좋으니 사회적 기업이 알려질 기회가 많다.
― 정경선(루트임팩트 대표), 《시사IN》 인터뷰 중에서

성수동에서 가장 오래된 코워킹 스페이스로 불리는 '카우앤독'은 2015년 다음Daum 창업자 이재웅이 출자해 서울숲 인근에 만들었다. 당시 구글 임팩트 챌린지에서 10위 내 입상한 루트임팩트를 포함해 다양한 사회혁신가들이 성수동에 모이기 시작했다. 이런 흐름에서 2017년에 수익 극대화가 아닌 '공공적 가치 실현'을 목표로 설계된 헤이그라운드가 카우앤독 옆에 문을 열었다. 철골과 붉은 벽돌이 어우러진 헤이그라운드 건물 내부에는 개방형 업무 공간, 회의실, 라운지, 커뮤니티 존이 배치되어, 가치 중심의 창업가들이 하루에도 몇 번씩 마주치고 대화를 나누는 구조를 만들었다. 입주사들은 서로의 프로젝트를 공유하고, 필요한 자원을 나누며, 때로는 한 팀처럼 협력했다.

이 공간들은 단순히 사무실을 공유하는 곳이 아니라, 정보·인력·자원을 활발히 교류하는 허브가 되었다. 입주사 간 협력 프로젝트가 자발적으로 생겨났고, 외부의 사회적 기업·스타트업도 성수동을 '함께할 곳'을 찾는 목적지로 삼

기 시작했다.

문제의식과 실험정신을 공유하는 혁신 생태계로

성수동에는 소셜벤처, 사회적 기업, 임팩트 투자사, 비영리 단체 등이 밀집하는 강력한 시너지 효과가 나타났다. 공간과 사람, 프로젝트가 서로 얽히고 연결되며, 성수동은 단순한 '뜨는 동네'를 넘어 공동의 문제의식과 실험정신을 공유하는 사회혁신 생태계로 발전했다. 이러한 유기적인 흐름이 쌓이고 확장되면서, 사람들은 이곳을 '소셜벤처 밸리'라고 부르기 시작했다.

이 이름은 행정이 의도적으로 만든 브랜드가 아니다. 현장에서 활동하는 사람들 사이에서 자연스럽게 자리 잡은 명칭이다. 이곳의 혁신 공간들은 사회적 가치를 추구하는 기업들이 서로 자극을 주고 협력할 수 있는 환경을 조성했다. 그 결과 물리적 집적 효과를 넘어, 신뢰와 네트워크를 기반으로 한 사회혁신 생태계 구축으로 이어진다.

이 같은 흐름 속에서 성수동에는 국내 주요 임팩트 투자사들이 자연스럽게 모여들었다. 이들은 성수동을 거점으로 하되, 활동 범위와 영향력은 전국과 해외로 확장하고 있다. 단순한 투자자가 아니라, 사회문제를 해결하려는 창업가와 함께 전략을 세우고, 네트워크를 연결하며, 성장 과정을 동반하는 '파트너'의 역할을 하고 있다.

먼저 '소풍벤처스'는 국내 최초의 임팩트 액셀러레이

터로, 2008년 설립 초기부터 사회문제 해결을 위한 창업을 지원해왔다. 환경, 교육, 헬스케어, 사회적 포용 등 다양한 분야의 초기 스타트업에 투자하며, 단순 자금 지원을 넘어 비즈니스 모델 설계, 시장 진출 전략, 후속 투자 유치까지 함께한다. 지금까지 166개 팀에 투자했으며, 포트폴리오 총 가치는 2조 원을 넘어섰다. 대표 포트폴리오에는 전학령기 아동을 위한 1:1 놀이 및 방문교육 매칭 플랫폼인 '자란다'와 1세대 소셜벤처로 불리우며 IPO에 성공한 '쏘카' 등이 있다. 소풍벤처스는 성수동의 창의적 분위기와 실험정신을 배경으로, 최근 기후테크를 중심으로 사회혁신을 실현하는 창업가를 발굴에 집중하고 있다.

   'MYSC'는 임팩트 투자와 사회혁신 컨설팅을 함께 수행하는 독특한 모델을 구축했다. 2011년 설립 이후 국내외 사회적 기업 육성과 글로벌 임팩트 생태계 조성에 주력하며, 베트남, 인도네시아 등 동남아시아 시장으로도 활동 범위를 넓혔다. 특히 유엔 지속가능발전목표(SDGs)와 연계한 투자 포트폴리오를 운영하며, 기후변화 대응, 양질의 교육, 포용적 경제 성장 등 글로벌 어젠다에 맞춘 사업을 발굴한다. MYSC는 헤이그라운드에서 나와 성수역 인근 '메리히어'라는 이름의 단독 오피스에서 다양한 사회혁신 실험을 하고 있다. 지하에는 아직 생소한 스크린 수영장이 있으며, 이는 MYSC가 ESG 펀드로 투자한 '더메이커스'가 운영하는 공간으로 환경적 제약을 넘어 누구나 언제든 워터

스포츠를 즐길 수 있는 워터스포츠 공간 조성을 목표로 한다. 1층에는 콘텐츠와 기술, 지역이 결합된 몰입형 콘텐츠 플랫폼 '리얼월드'를 체험할 수 있는 카페가 있다. 그 외 공간도 사회혁신 기업들의 실험실이자 업무 공간으로 활용하고 있다.

'모든 혁신가들의 광장'이 된다는 목표로 임팩트 투자를 하고 있는 '임팩트스퀘어'도 뚝섬역과 서울숲 사이에 위치한 '심오피스'에 입주해 있다. 임팩트스퀘어는 성수동 1세대 소셜벤처 투자사 중 하나다.

MYSC와 임팩트스퀘어는 최근 지역 소멸 위기에 대응하는 로컬 비즈니스로 영역을 확장했다. MYSC가 투자한 '해녀의 부엌'은 해녀 스토리를 다이닝과 접목한 로컬 비즈니스로, 제주를 넘어 싱가포르 진출에 성공했다. 임팩트스퀘어는 경북 영주에 위치한 간호학원을 거점으로 본격적인 로컬 비즈니스에 집중하고 있다. 흔히 볼 수 있는 정부 주도의 도시재생이 아니라 지역의 민간 자본 주도로 진행되는 사업이라는 점에서 주목받고 있다. SK의 자회사이자 지역에 생산공장을 둔 SK스페셜티가 자금을 대고 영주시가 선발한 지역 스타트업을 엑셀러레이터이자 투자사인 임팩트스퀘어가 육성한다. 이러한 구조는 지역 연고가 없어도 청년 창업가들이 정착하는 데 큰 도움이 된다.

소풍벤처스, MYSC, 임팩트스퀘어 같은 회사들은 성수동에서 중요한 역할을 하고 있다. 이들은 각자의 방식으로 초기 소셜벤처를 찾아내 투자하고, 빨리 성장하도록 적극적으로 돕고 있다. 성수동의 밀집된 네트워크와 개방적 커뮤니티는 이들이 수많은 혁신기업을 발굴하는 데 유리한 조건을 제공했고, 그 성과는 전국적인 임팩트 생태계로 확산되고 있다. 결국 성수동은 '혁신기업의 발굴지'이자 '사회적 가치의 발신지'로서, 국내 임팩트 투자의 핵심 거점으로 자리매김하게 되었다.

시장의 빈틈을 파고든 1세대 소셜벤처

성수동에서 태동한 초기 소셜벤처들은 단순한 창업 기업이 아니라, 사회적 가치와 비즈니스 모델을 결합해 새로운 시장과 담론을 만들어낸 주역들이었다.

'동구밭'은 '발달장애인 고용'과 '친환경 소비'를 결합한 기업이다. 설립 초기부터 발달장애인의 자립을 위한 직무 훈련 시스템을 구축했고, 비누 제조·포장·배송 전 과정을 장애인 고용과 연계했다. 120여 명의 직원 중 약 50%가 발달장애인이다. 장애인은 이곳에서 안정적인 일자리를 얻었으며, 생산한 친환경 비누는 전국 주요 백화점, 생협, 친환경 전문 매장에 입점했다. 이들의 생산공정은 화학첨가물을 최소화하고 재활용이 가능한 패키지를 도입해, 고용과 환경을 동시에 고려한 '이중 임팩트' 모델을 실현하고 있다.

'마리몬드'는 일본군 '위안부' 피해자 문제를 전면에

내세운 디자인 기반 공익 브랜드다. 창립 초기부터 피해 할머니들의 증언과 삶의 이야기를 제품 디자인의 모티브로 삼았으며, '기억의 확산'을 목표로 티셔츠나 파우치 등 생활용품을 제작했다. 특히 '꽃을 들다' 캠페인은 피해자들의 존엄성을 표현하는 상징적 이미지로 자리 잡았다. 마리몬드는 2024년에 폐업했지만, 청년층 소비 문화와 사회문제를 결합해 소비행위가 곧 사회적 행동으로 이어지는 사례를 만들어 냈다. 2018년 마리몬드의 꽃무늬 케이스가 아이돌 가수 수지의 공항패션으로 화제가 되자, 폭발하는 주문 물량을 감당하기 위해 성수동 소셜벤처 '두손컴퍼니'와 협업하기도 했다. 두손컴퍼니는 자신의 두 손을 써서 일하는 사람들의 회사라는 의미로 홈리스와 취약계층에게 일자리를 제공하기 위한 비즈니스를 중심으로 물류 서비스에 특화되어 있다.

'소녀방앗간'은 지역 농산물과 건강한 식문화를 결합한 로컬푸드 기업이다. 10년 전 성수동 소셜벤처 구성원들에게 식사를 제공하자는 마음으로 오픈한 소녀방앗간은 현재 전국 오지 산골 150여 명의 어르신에게 식재료를 납품받아 연간 약 22만 명의 소비자에게 식사를 제공하고 있다. 고령 농업인과 계약을 맺어 안정적인 판로를 보장한다. 도시락, 케이터링, 가공식품, 명절 선물세트 등 제품군이 다양하며, 코로나19 시기에는 배달 및 케이터링 로컬푸드 서비스로 전환해 위기 속에서도 수익과 고용을 유지했다.

현재 20여 명의 상시 직원이 근무하며, 생산부터 유통, 마케팅까지 전 과정을 지역 기반으로 운영하고 있다.

> 초기에 많은 시행착오를 겪었는데, 꾸준하게 와주셨던 소셜벤처팀들, 헤이그라운드와 같은 지원 공간들이 성수동에서 함께 해주셨기에 지금처럼 10년간 유지하고 있는 것이 아닐까 싶습니다. 지금은 정말 많은 사회혁신기업들, 소셜벤처들이 성수동에 터를 잡고 성장하고 있고, 지금도 서로 멀리서 응원하며 살아가고 있습니다.
> — 김민영(소녀방앗간 대표)

이러한 1세대 소셜벤처들은 모두 제품의 품질과 스토리텔링, 그리고 사회적 메시지를 결합해 기업으로서의 성장뿐 아니라 사회적 담론 형성에 기여한 성수동형 사회혁신의 상징들이다. 그 등장은 성수동을 뜨는 동네를 넘어서, 지속가능성과 사회적 연대를 실험하는 도시재생의 모델로 이끄는 데 결정적인 역할을 해왔다.

친환경 소셜벤처: 지속가능한 미래를 위한 실험

최근에는 기후위기와 자원순환 문제에 대응하는 친환경 소셜벤처들이 성수동에 속속 자리 잡고 있다. '누깍코리아'는 버려진 광고 현수막과 자동차 안전벨트 등을 업사이클해 가방, 액세서리, 생활용품을 만드는 스타트업이다. 자체 공방에서 재단·봉제 전 과정을 직접 운영하며, 제품 수익의 일부를 환경 보호 활동에 기부한다.

'트래쉬버스터즈'는 행사장에서 일회용품 사용을 줄이기 위해 다회용기 세척·회수·관리 시스템을 설계한 기업이다. 2022년부터 성동구 지역 축제와 공공 행사에 다회용기 시스템을 도입해 수만 개의 일회용기 사용을 줄였고, 소비자 인식 개선 캠페인까지 병행하며 '제로웨이스트' 문화를 확산시켰다.

이외에도 도시농업, 재활용 소재 기술, 제로웨이스트 제품 개발 등 다양한 분야의 소셜벤처들이 성수동에서 활동 중이다. 이들은 단순한 친환경 이미지를 넘어, 기술 혁신·서비스 디자인·지역 커뮤니티 참여를 결합한 구체적인 솔루션을 제시하며, 성수동을 여전히 실험과 도전이 이어지는 '살아 있는 도시혁신 실험실'로 만들고 있다.

민간의 자생력과 공공의 전략적 지원

2024년 기준, 성수동에는 약 500여 개의 소셜벤처 관련 기업과 조직이 활동 중이며,[*] '소셜벤처 밸리'는 명실상부한 서울의 사회혁신 클러스터로 자리잡았다. 성동구는 이들

---

[*] 성동구 사회적경제지원센터에서 발표한 '성동구 사회적경제기업 현황' 중 성수동을 기반으로 활동하고 있는 소셜벤처 목록.

을 위한 입주 공간, 공유 오피스, 교육·네트워킹 프로그램을 운영하고 있으며, 대표적으로 '성동 소셜벤처 허브센터'를 통해 초기 기업의 성장을 체계적으로 지원하고 있다. 이 허브센터는 사회혁신 기업과 소셜벤처가 안정적으로 뿌리내릴 수 있도록 공공이 제공한 입주 공간으로, 창업 초기 기업들이 직면하는 자금·네트워크·공간의 문제를 해소하는 데 주력한다. 성수동의 민간 자생성과 공공의 전략이 결합된 이 구조는 도시혁신의 새로운 모델로 평가받고 있다.

성수동의 소셜벤처 생태계는 단순히 같은 지역에 모여 있는 집합체가 아니다. 서로 다른 업종과 규모, 목표를 가진 기업들이 한 동네 안에서 자연스럽게 부딪히고, 그 과정에서 새로운 아이디어와 프로젝트가 탄생한다. 이 네트워크는 사전에 계획된 구조가 아니라, 현장에서 관계가 쌓이면서 형성된 유기적 생태계다.

예를 들어 '임팩트얼라이언스(이하 임팩스)'는 성수동에 기반을 두고 전국 단위로 활동하는 사회혁신 협의체다. 소셜벤처, 사회적 기업, 비영리단체, 임팩트투자사, 성장지원조직 등 사회·환경 문제 해결을 목적으로 하는 160여 개의 다양한 조직들의 협의체로 네트워크의 유기적인 협업을 지원한다.

《소셜임팩트뉴스》에 따르면 2024년 임팩스 창립 5주년을 맞아 진행한 기념식에서 임팩스 박정웅 팀장은 "10년 전에는 동네가 곧 커뮤니티였기 때문에 관계가 자연스럽게 형성됐지만 주거비 상승과 같은 문제로 일터와 삶터가 멀어지며, 우연한 기회가 생기기 어려운 사회로 변했다"라고 평가했다. 그는 이어 그럼에도 사회문제를 해결하기 위한 협력이 생태계 내에서 지속될 수 있는 이유는 초기부터 축적되어온 조직 간의 신뢰 덕분이라고 강조했다.

소셜벤처 간 협력은 동네 안 우연한 만남에서 시작되었다. 헤이그라운드 라운지에서 커피를 마시다 옆자리 팀과 대화를 나누거나 회의실 예약 대기 중 짧은 대화를 하다가 공동 프로젝트로 발전하는 식이었다. 성수동 특유의 개방적인 공유 오피스와 골목 단위의 근접성이 이런 기회를 늘린다. 근접성을 기반으로 성수동에 자리한 생태계는 성수동을 거점으로 전국 단위로 확대되었다. 성수동에서 생긴 생태계가 성수동에만 존재하는 것이 아니라 전국으로 확장되었고, 전 세계로 확장되고 있다.

결과적으로 보면 성수동의 소셜벤처 밸리는 각자의 기업 성장만을 목표로 하지 않았다. 한 회사가 성공하면, 그 경험을 다른 회사와 나누며 함께 성장하는 분위기였다. 이는 또 다른 사회적 가치를 만들어내는 연쇄 반응을 만들었다. 이런 일이 가능했던 이유는 처음에는 모두 가까이 있으면서 우연한 기회와 신뢰를 쌓을 수 있었기 때문이다. 이제는 서로 멀리 떨어져 있더라도 가치 지향이 비슷하다는 점, 협업에서의 효능감, 이 좋은 관계를 이어가겠다는 의지 등이 생태계가 유지되는 동력이 된다.

이러한 구조의 출발점에는 '언더스탠드에비뉴'가 있었다. 2016년, 서울숲과 성수동 거리를 잇는 관문 자리에 문을 연 이 공간은 재활용 컨테이너 116개를 쌓아 올려 만든 복합문화공간이다. 단순히 독특한 외관의 건물이 아니라, 사회적 약자와 청년 창업가, 문화예술인에게 '열린 무대'를 제공한 실험장이 되었다. 사회적 기업이 운영하는 공방, 청년 디자이너의 팝업스토어, 지역 예술가의 전시, 공익 캠페인, 청소년 진로 프로그램 등이 상시적으로 운영되었고, 이곳을 찾는 시민들은 소비뿐 아니라 지역과 사회문제에 대한 새로운 경험을 얻을 수 있었다.

언더스탠드에비뉴는 '교차점'에 서 있었다. 한쪽에는 서울숲이라는 도심 속 자연, 다른 쪽에는 성수동의 산업·제조 기반, 또 다른 쪽에는 새로운 예술가와 창작자들이 만나는 활기찬 에너지가 있었다. 입지 덕분에 이곳은 지역을 가로막던 물리적 경계를 허물고, 사람과 아이디어 그리고 자본과 가치가 자연스럽게 흐르는 통로가 되었다. 개장 직후부터 지방자치단체와 도시 계획가들이 벤치마킹 대상으로 주목한 것도 이 때문이다.

이처럼 성동구는 도시재생, 사회혁신, 지역의 잠재력이 맞물리는 지점에서 전략적으로 개입하며 사회적 경제의 토대를 다져왔다. 언더스탠드에비뉴를 시작으로, 성동 소셜벤처 허브센터와 같은 거점이 구축되었고, 단절된 공간과 자원을 연결하는 인프라가 마련되었다. 그 결과, 창업가와 예술가, 주민과 방문객이 한 공간 안에서 교류하며, 사회적 가치가 지역 경제 안에서 순환하는 구조가 형성되었다.

오늘날의 성수동은 더 이상 '한 번의 프로젝트'나 '한시적 실험'에 머물지 않는다. 실험이 일상이 되고, 혁신이 생활의 일부가 된 도시로 자리 잡았다. 언더스탠드에비뉴가 남긴 물리적·상징적 유산은, 성수동이 지속적으로 새로운 실험을 품고 실행할 수 있는 토양으로 남아 있다.

슘페터의 '창조적 파괴'를 실천하다

소셜벤처를 처음 접했을 때, 기업이 이윤만을 추구한다는 고정관념 때문에 기업을 통해 사회를 혁신할 수 있다는 발상 자체가 놀라웠다.

그런데 경제학을 전공하던 대학 시절, 경제사 강의에서 배웠던 슘페터Joseph A. Schumpeter의 사상이 떠올랐다. 지금 성수동에서 활동하는 청년 혁신가들이야말로, 슘페터가 말한 '기업가'의 본연 가치와 역할을 체현하고 있다는 생각이 들었다.

자본주의 경제는 안정된 균형 상태에 머무르지 않고, 기업가들이 새로운 결합을 시도하며 끊임없이 변화한다고 보았다. 그는 이 과정을 '창조적 파괴creative destruction'라고 정의한다. 여기서 파괴란 낡고 비효율적인 방식을 부수고 그 자리에 새로운 질서와 가치를 세우는 역동적인 과정을 의미한다.

슘페터에게 기업가는 단순히 사업을 운영하는 경영자나 자본 소유자가 아니다. 기존 자원을 새로운 방식으로 조합해 경제 질서를 바꾸는 창조적 실천자다. 기업가의 혁신은 경제 영역을 넘어 정치·사회·문화 전반에 파급력을 미친다. 새로운 생산방식이나 상품이 등장하면 소비패턴이 변하고, 그에 맞춰 제도와 사회 구조도 조정된다.

20세기 초 세계 최초로 자동차 대량 양산에 성공한 헨리 포드의 사례가 대표적이다. 포드는 자동차 생산에 컨베이어 벨트 시스템을 도입해 생산성을 획기적으로 높였다. 이 혁신으로 동일한 시간에 더 많은 자동차를 더 저렴하게 만들 수 있게 되면서, 자동차는 부유층의 사치품에서 대중의 생활필수품으로 변했다. 제조업 전반에 규모의 경제가 실현됐고, 생산성 증대는 임금 인상과 노동시간 단축을 가능하게 했다. 노동자들은 더 많은 소득과 여가를 갖게 되었고, 이는 주택, 가전, 문화, 여행 등 새로운 소비 시장을 여는 계기가 된다.

이 변화는 단지 산업구조의 재편에 그치지 않았다. 자동차 산업의 성장과 대중소비 사회 형성은 도시 확장과 교외 주거지 개발을 촉진했고, 교통 인프라 확충과 관련 법·제도의 변화로 이어졌다. 더 나아가, 중산층의 확대와 생활수준 향상은 시민들이 정치·사회문제에 더 적극적으로 참여할 수 있는 기반을 만들었고, 이는 민주주의 발전에도

성수동 임팩트 네비게이터 맵. 2014년부터 성수동에 모여든 소셜벤처와 공유 오피스, 지원기관 등을 보여준다.

2014년, 뚜렷한 상업 이미지가 없던 성수동에 사회문제를 해결하려는 조직들이 모이기 시작했습니다.
공유 오피스와 네트워크를 중심으로 민간 주도의 소셜벤처 밸리가 형성되었고, 정부와 지자체의 지원이 더해지며 지금의 '소셜벤처 중심지'로 자리잡게 되었습니다.

H 소셜벤처 허브센터
입주공간 제공, 네트워킹, 컨설팅, 교육 등 다양한 지원

I 소셜가치평가센터
소셜벤처의 사회적 가치를 측정하고 평가하는 기관으로 평가모델 개발 및 인증역할 수행

J 서울창업허브 성수
소셜벤처를 위한 창업 지원 공간, 시제품 제작 지원 등 제공

K 소셜캠퍼스 온 (성수)
고용노동부와 한국사회적기업진흥원이 운영하는 공간으로, 사회적경제 주체들의 창업과 성장 지원

L 헤이그라운드 성수시작점
서울숲보다 먼저 설립된 공간으로, 소셜벤처와 창업가들의 첫 거점

M 공공팝업
더 많은 소셜벤처와 창업가들에게 기회를 제공하기 위해, 공공이 나선 리테일 실험 공간

장기적으로 기여했다.

슘페터가 강조했듯이, 혁신적인 기업가는 사회 전체의 궤도를 바꿀 힘을 가진다. 이러한 관점에서 성수동 청년 사회혁신가들이 하는 일은 단순한 창업이 아니다. 낡은 소비와 생산구조, 정체된 지역 경제라는 '오래된 질서'를 파괴하고, 그 자리에 지속가능한 가치를 만들어내는 새로운 결합을 시도하고 있다. 이것이야말로 슘페터가 말한 '창조적 파괴'의 핵심이다.

예를 들어 '소보로'는 청각장애인을 위한 인공지능 자막 솔루션을 개발한 스타트업이다. 회의나 강연, 온라인 수업, 심지어 길거리 인터뷰까지, 사람이 말하는 내용을 실시간으로 음성 인식해 자막으로 변환한다. 기술의 정확도를 높이기 위해 방대한 학습 데이터를 축적하고, 화자의 억양과 발음 차이까지 감지하는 알고리즘을 적용했다. 이로써 청각장애인들이 병원 진료나 관공서 민원, 직장 회의 등 일상에서 겪던 '정보 접근 장벽'을 상당 부분 허물 수 있게 됐다. 성수동의 개방적인 창업 환경 속에서 이 기업은, 기술이 사회적 약자의 삶을 개선하는 실질적 도구가 될 수 있다는 것을 입증하고 있었다.

'모든 아이가 자신의 속도대로 배울 수 있는 미래'를 만드는 에듀테크 기업 '에누마'는 성수동에 한국지사가 있고, 미국에 본사가 있는 글로벌 기업이다. 에누마는 2019년 테슬라와 스페이스X를 설립한 일론 머스크가

1,500만 달러를 후원한 글로벌 러닝 엑스프라이즈에서 대상을 거머쥐며 세계적으로 알려졌다. 난민 캠프나 아프리카 빈곤 국가 등 초기 학습 여건이 좋지 않은 곳에서도 아이들 스스로 읽고, 쓰고, 말하기 등 기초 학습을 할 수 있도록 하는 것이 대회의 미션이었다. 이 대회를 통해 검증된 에누마의 '토도 앱 시리즈'는 전 세계 1,300만 다운로드를 기록했다. 국내 학교 시장에도 진출해 학교용 서비스 출시 1년 만에 430여 개 초등학교와 공급계약을 체결해 시장성을 인정받고 있다.

폐기물 문제에 관심이 많은 '같다'는 폐기물 순환의 불합리한 구조를 기술로 바꾸기 위해 인공지능 자원순환 플랫폼 '빼기'를 만들었다. 사용자가 사진을 찍고 결제하면 폐기물 수거가 자동 배정된다. 수거 방식은 직접 버리기, 집 앞 배출, 재사용 공유 등으로 다양하다. 폐기물을 줄이는 목표를 넘어, 이를 데이터로 관리하고 순환 경제로 전환했다는 점에서 의미가 크다.

이들 기업은 공통적으로 사회적 사명감을 품고 있지만, 그것만으로 움직이지 않는다. 기술과 서비스, 디자인, 운영 구조를 정교하게 다듬어 시장에서도 생존 가능한 비즈니스 모델을 만들고 있다. 사회문제 해결과 수익 창출을 동시에 달성하는 이들의 방식은, 도시가 변화하는 새로운 경로를 보여준다.

공공, 관할 기관을 넘어 공동 운영자로

이처럼 다양한 기술과 서비스, 비즈니스 모델을 통해 기존 사회를 혁신하는 성수동의 소셜벤처 청년 창업가들을 보면서, 이들을 도시 정책의 새로운 파트너로 간주하고, 제도적 기반을 통해 뒷받침해야겠다는 확신을 가졌다.

이를 통해 성수동에서 자생적으로 형성된 사회혁신 생태계를 우리 사회 전체로 확산하고 외연을 확대한다면 중앙정부와 지방정부가 예산과 조직의 한계로 미처 챙기지 못하는 수많은 정책 사각지대를 해소함은 물론, 성수동이란 지역의 브랜드 가치를 한층 더 상승시킬 수 있을 것이라 판단했다.

그래서 가장 먼저 추진한 것이 법·제도적 기반의 마련이었다. 성동구는 2017년 9월 '서울특별시 성동구 소셜벤처 육성 및 지원에 관한 조례'를 제정하였다. 이 조례는 성수동을 중심으로 자생적으로 성장해온 소셜벤처 생태계를 제도적으로 보호하고, 장기적 관점에서 육성하기 위해 최초로 제정된 조례였다.

조례의 주요 내용에는 △소셜벤처에 대한 정의 및 지원 대상 명시 △입주 공간 및 보육 인프라 제공 △투자 및 융자 지원 △교육·멘토링·네트워킹 등 역량 강화 프로그램 운영 △성과 확산을 위한 홍보와 캠페인 △성동구 소셜벤처 지원위원회 설치 및 심의 기능 △지원사업에 대한 사후 관리 및 평가 체계 마련 등이 포함되었다. 특히 성동구는 단순한 재정 보조가 아닌, 기업의 지속가능성과 사회적 성과를 함께 고려하는 방향으로 정책 체계를 설계하였다.

이 조례는 성수동을 비롯한 성동구 전역에서 활동하는 사회혁신 주체들에게 공공이 신뢰 기반의 파트너로 함께하겠다는 선언이자, 민간의 실험을 제도적으로 수용하고 제도화하려는 시도의 일환이었다. 이를 통해 행정은 단순한 관할 기관을 넘어, 사회혁신 생태계의 지속가능성을 함께 설계하는 공동 운영자로 변화해가고 있다.

성수동, 사회혁신의 실험실에서
세계적인 도시로

2

'시드 투자'의 빈틈을 채운 공공의 역할

조례 제정 이후 성동구는 제도적 선언을 실제 실행으로 옮기기 위해 '소셜벤처 엑스포'와 '성동임팩트펀드'라는 두 축을 마련했다. 하나는 성수동의 도시 실험과 창업 문화를 시민과 공유하는 플랫폼이고, 다른 하나는 사회혁신 기업을 재정적으로 뒷받침하는 투자 인프라다. 두 축은 유기적으로 맞물려, 성수동의 실험이 일회성이 아니라 지속가능한 생태계로 자리 잡도록 설계됐다.

소셜벤처 엑스포는 2017년에 처음 시작됐다. 당시 성수동 골목과 서울숲길 일대는 국내외 소셜벤처, 사회적 기업, 커뮤니티 활동가, 투자자, 시민들이 모여 혁신 경험을 나누고 연대하는 거대한 실험장이 되었다. 2018년에는 서울숲길을 따라 30여 개 공간에서 전시, 워크숍, 마켓, 공연이 동시다발적으로 펼쳐졌고, 참가자들은 '도시 전체가 전시관이 된 듯하다'라는 반응을 보였다. 길모퉁이 카페에서는 사회문제 해결 토크가 열리고, 옆 건물 지하에서는 로컬푸드 시식회가 진행되는 등, 엑스포는 성수동의 평범한 공간을 '이야기가 흐르는 현장'으로 바꾸었다.

2017년 첫 개최 이후, 매년 사회적 가치와 창의성을 중심으로 한 다양한 주제가 성수 곳곳에서 펼쳐졌다. 2018년에는 서울숲길 일대 30여 곳에서 전시와 워크숍, 마켓, 공연이 진행되었고, 2019년에는 80여 개의 로컬 브랜드와 20여 개의 사회적 기업이 참여해 골목마다 현장감 있는 마켓과 체험 프로그램을 운영하였다. 팬데믹 이후에도 온라인·오프라인을 연계한 하이브리드 방식으로 행사는 이어졌고, 2023년에는 참여자 수가 50만 명을 넘어서는 기록을 남겼다.

특히 2025년에는 '함께 만드는 미래'를 주제로 지난 10년간 성수동이 소셜벤처 밸리로 자리매김하는 데 있어 임팩트 생태계의 수많은 플레이어와 성동구청의 협력을 공유하고 다음 10년을 위한 논의의 장으로 준비했다. 소셜벤처 엑스포는 성동구청이 임팩트 생태계가 성수동에 자리 잡을 수 있도록 플랫폼 역할을 하기 위해 기획했다. 이 기간 동안 엑스포는 단순한 전시장이 아닌, 실시간 도시 실험의 무대가 되며, 매년 축제와 정책, 기업과 시민이 교차하는 독창적 도시 문화를 만들어내고 있다.

이와 더불어 성수동의 사회혁신 생태계를 재정적으로 뒷받침하기 위해 성동임팩트펀드가 조성되었다. 2020년 성동구청은 MYSC, 유진투자증권과 함께 각 5억 원을 출자해 총 20억 원 규모의 펀드를 만들었다. 2020년에 이어 2022년 펀드 총액 30억 원 규모의 2호 펀드를 조성했다. 자치구가 주도하는 국내 최초의 공공-민간 공동출자형 임팩트 투자 펀드다.

펀드의 목적은 사회적 가치를 창출하는 초기 소셜벤처에 대한 투자 지원이다. 단순 보조금이 아닌 회수 가능한 투자 구조를 채택해, 회수된 자금이 다시 지역 내 다른 혁신기업으로 재투자되는 자본 순환 모델을 구현했다. 공공이 '신뢰 기반 투자자'로서 초기 리스크를 함께 부담하며, 민간과 함께 성장 단계까지 동행하는 구조다.

특히 성동임팩트펀드는 중앙정부와 자치구 사이에서 소셜벤처 생태계를 위한 빈틈을 채우고 펀드 간 다리 역할을 하는 데 의미가 있다. 2017년 성동구청이 전국 최초로 소셜벤처 조례를 만들고, 정부 주도로 임팩트 펀드가 급격한 양적 성장을 이뤘다. 2018년 당시 국내 임팩트 펀드 규모는 1,750억 수준으로, 이는 임팩트 분야에서 지난 몇 년간 조성된 누적 펀드보다 큰 규모다. 하지만 이런 급격한 양적 팽창 이면에는 펀드의 규모와 투자를 받아야하는 소셜벤처가 미스매칭되는 문제가 있었다. 예를 들어 기업가치가 100억 원에서 200억 원 정도인 스타트업이 10억 원

수준의 투자를 받을 수 있는 펀드는 많이 존재하지만, 기업 가치가 10억 원에서 20억 원 수준인 초기 소셜벤처가 투자받을 수 있는 1억 원에서 2억 원 규모의 씨드 투자가 가능한 펀드는 적다는 것이다. 이유는 간단한데, 소규모 펀드는 그 운영을 위한 적정한 수준의 운영보수를 챙기기 어렵기 때문이다. 더 많은 소셜벤처가 시장에 진입할 수 있도록 소규모 펀드가 필요했고, 그게 바로 성동구청과 같은 지자체의 역할이었다.

2025년 기준, 펀드는 27개 기업에 투자했다. 대표적으로 '유니크굿컴퍼니'는 청소년과 청년을 대상으로 창의 교육 콘텐츠를 개발하고 보급하는 기업이다. '방탈출형 역사 체험', '가상 시뮬레이션 기반 직업 탐색 프로그램' 등 학습자 참여형 콘텐츠를 제작해, 교육 불평등을 완화하고 지역 학교 및 기관과의 협력을 확대했다. 펀드 투자 이후에는 전문 교육 기획 인력을 확충하고, 온라인 플랫폼 개발을 통해 콘텐츠의 전국 배포가 가능해졌다.

'리하베스트'는 식품 제조 과정에서 발생하는 부산물을 고부가가치 식품 원료로 재탄생시키는 업사이클링 푸드 기업이다. 맥주 제조 후 남는 맥주박을 활용해 단백질과 식이섬유가 풍부한 그래놀라, 쿠키, 파스타 등을 생산한다. 펀드 투자금은 생산 설비 확충과 원료 공급망 안정화에 사용되었고, 이를 통해 연간 처리 가능한 부산물의 양이 두 배 이상 늘었다. 리하베스트는 이 과정을 통해 연간 수천 톤의 식품 폐기물을 줄이고, ESG 경영을 실질적으로 실행하는 기업으로 자리매김했다.

이외에도 교육 접근성 향상을 위한 에듀테크 기업, 장애인 일자리 창출형 제조 스타트업, 재생에너지 기술 개발사 등이 성동임팩트펀드의 지원을 받고 있다. 이들은 공통적으로 투자금을 단순 운영비가 아니라 제품 개발·시장 확대·인력 양성 등 성장의 핵심 동력으로 사용하고 있으며, 이를 통해 사회적 가치와 경제적 지속가능성을 동시에 실현하고 있다.

성동구는 펀드를 통해 자본의 흐름이 지역 안에서 선순환하도록 설계했으며, 단순히 '지원금'을 지급하는 대신, 투자와 회수를 반복해 지속가능한 재정을 구축하고 있다. 향후에는 투자 규모를 확대하고, 인접 자치구 및 지방 도시와의 협력 모델을 개발해 전국적인 사회혁신 금융 생태계의 선도 모델로 발전시키겠다는 계획이다.

소셜벤처 엑스포가 성수동의 혁신 문화를 시민에게 열어 보이는 장이라면, 성동임팩트펀드는 그 혁신이 뿌리내리고 성장할 수 있는 토양을 제공하는 장치다. 두 축이 맞물려 돌아가며, 성수동은 '제도·문화·자본'이 결합된 지속가능한 도시혁신 모델을 현실로 만들어가고 있다.

성수동, 사회혁신의 실험실에서 세계적인 도시로
2017년 10월, 제1회 서울숲 소셜벤처 엑스포를 준비하던 시기에 성수동에 뜻깊은 방문이 있었다. 당시 문재인 대통령이 직접 성수동을 방문해 소셜벤처 청년 창업가들과 마주 앉아, 그들의 창업 이야기와 사회혁신 아이디어를 들었다. 정책 현장에서 마주하는 어려움과 제도적 과제를 경청했다. 이는 성동구가 지역 차원에서 선도적으로 펼쳐온 소셜벤처 지원 정책에 중앙정부가 주목하게 되는 계기였다.

　이날 대통령은 단순히 행사장을 둘러보는 수준을 넘어, 사회문제를 해결하는 기술과 서비스가 어떻게 시장에서 자립할 수 있는지, 그리고 이를 위해 어떤 정책 지원이 필요한지 현장의 목소리를 세세히 물었다. 청각장애인을 위한 실시간 자막 기술, 폐자원을 업사이클링한 패션 제품, 지역 어르신과 연계한 로컬푸드 사업 등 다양한 부스를 차례로 돌며 창업가들과 대화를 나누었다. 한 청년 창업가는 "이런 자리가 보여주듯, 사회적 가치와 사업성을 함께 고민하는 것이 진짜 창업"이라는 말로 대통령의 고개를 끄덕이게 했다.

　이 방문은 성동구의 도시재생·사회혁신 정책을 중앙정부가 본격적으로 주목하게 된 계기가 되었다. 성동구가 지역 차원에서 선도적으로 펼쳐온 소셜벤처 지원 정책이, 이제 국가 정책 의제 속으로 들어오는 순간이었다.

　방문 이후, 청와대와 관계 부처는 성동구 사례를 면밀히 검토했다. 그리고 불과 1년 뒤인 2018년, 중소벤처기업부는 '소셜벤처 활성화 대책'을 공식 발표했다. 이 대책은 소셜벤처를 사회적경제 활성화의 핵심 축 중 하나로 명확히 규정하고, 성수동을 전국 소셜벤처 허브로 육성하겠다는 계획을 담았다.

대책의 골자는 창업-성장-확산 전 주기 지원 체계 구축이었다.

- 창업 단계: 기술 기반의 사회문제 해결형 기업을 발굴하고, 전용 창업자금과 입주 공간을 지원한다.
- 성장 단계: 전용 임팩트 펀드를 조성하고, 경영·법률·마케팅 컨설팅, 판로 확대를 위한 대기업·공공기관 연계 프로그램을 운영한다.
- 확산 단계: 사회적 가치 측정 기준을 마련해, 투자자와 소비자가 소셜벤처의 성과를 객관적으로 평가하고 선택할 수 있는 환경을 조성한다.

또한 정부는 성수동을 중심으로 한 전국 거점화 전략을 발표했다. 성수동의 공간·네트워크·운영 모델을 다른 도시로 확산시키고, 권역별 소셜벤처 허브를 조성해 전국 단위의 사회혁신 생태계를 연결하겠다는 구상이었다. 이를 위해 전용 펀드와 입주 공간 확대, 공공구매 할당제 등 구체적인 실행수단도 포함됐다.

이러한 과정에서 성수동은 서울을 넘어 전국적으로 가장 주목받는 사회혁신 중심지로 부상했다. 단순히 문화적으로 매력적인 공간을 넘어, 사회문제를 해결하려는 혁신적 시도들이 지속적으로 이뤄지는 곳으로 자리 잡은 것이다. 오늘날 성수동 브랜드의 핵심은 더 이상 '힙한 거리'에 있지 않다. 그것은 사회혁신의 가치, 그리고 이로부터 비롯된 창의성과 공동체성에 있다.

성수동이 세계에서 가장 멋진 동네 중 하나로 꼽히게 된 것도 이 때문이다. 이는 단순한 유행이나 미적 평가가 아니라, 사회적 실험과 시민 주도의 혁신이 한 동네의 정체성을 어떻게 변화시킬 수 있는지를 보여주는 결과다. 성수동을 구성하는 저변의 창의성과 공동체성은 '성수다움'이란 말을 낳으며 세계의 주목을 받고 있다.

'성수다움'에 동의하고, 구현하는 기업들

무엇보다 의미 있는 변화는, 성수동에 둥지를 틀기 위해 모여드는 기업들 스스로 '성수다움'에 동의하고 그것을 함께 구현하려 한다는 사실이다. 많은 기업이 성수동에 입주하고 있지만, 성수동은 여전히 고유의 감각과 분위기를 잃지 않고 있다. 이는 성수다움의 근본이 단순한 유행이나 소비가 아니라, 창조성과 공동체 지향성을 품은 소셜벤처의 기업가 정신에 있기 때문이다.

결국 성수동의 정체성은 도시를 실험의 무대로 삼은 청년 기업가들의 철학과 실천, 그리고 그것을 제도화하고 지켜내려는 행정의 동반자적 태도에서 비롯되었다. 도시가 창조적이고 지속가능할 수 있다는 믿음, 그리고 그 믿음을 실제로 실현해낸 사례다.

지금 이 순간도 성수동은 끊임없이 변화한다. 때로는 자본의 속도가 혁신을 앞지르려는 징후도 나타난다. 그러나 그 안에서도 성수동은 멈추지 않고 새로운 사회적 실험을 지속하고 있으며, 성동구 또한 이러한 실험을 제도적으로 뒷받침할 수 있는 방안을 끊임없이 모색하고 있다.

도시는 완성되지 않는다. 끊임없이 진화할 뿐이다. 성수동의 사회혁신 여정 또한 마찬가지다. 분명한 것은, 성수동은 지금 이 순간에도 '사람 중심의 도시', '함께 사는 도시'를 향해 실험을 계속하고 있다는 사실이다.

성수동의 미래,
문화 산업의 중심지

3

문화는 도시를 변화시키는 강력한 에너지

성수동은 과거의 산업유산과 도시재생의 경험을 발판 삼아 새로운 미래로 나아가고 있다. 제조업의 흔적이 남은 공장 건물, 붉은 벽돌로 채워진 골목길, 창의적인 청년들의 실험정신은 이제 하나의 브랜드가 되었고, 그 브랜드는 문화 산업이라는 새로운 성장 동력과 맞닿아 있다.

문화는 도시를 변화시키는 강력한 에너지다. 성수동은 다양한 예술가, 창작자, 소셜벤처들이 자생적으로 모여들며 문화가 일상 속에 녹아든 지역이 되었다. 자전거를 타고 골목을 누비는 디자이너, 붉은 벽돌 건물에서 전시를 기획하는 큐레이터, 재즈가 흐르는 작은 라운지에서 새로운 사운드를 실험하는 음악가까지. 이들의 삶과 활동이 성수동이라는 도시 공간을 살아 숨 쉬게 만들고 있다.

문화 산업은 단순한 소비 콘텐츠가 아니다. 성수동은 이를 명확히 보여준다. 이곳에서 문화는 창조적 생산의 결과이며, 지역 경제의 기반이자 도시의 정체성을 구성하는 요소다. 하지만 이 모든 변화가 지속가능하려면, '성수다움'을 지키려는 노력은 계속되어야 한다. 이는 지금까지 이룬 성과를 보호하는 것만으로는 지켜지지 않는다. 새로운 미래의 도전에 적극적으로 응전해야 한다. 지금 이 순간 우리는 '성수다움'의 미래를 고민하고 있다.

새로운 도전과 '타운매니지먼트'의 필요성

삼표레미콘이 성수동에 들어오고 나간 과정은 단순한 공장의 이전과 개발을 넘어선다. 이는 서울이라는 도시 그리고 그 안의 성동이라는 지역이 어떻게 변모해왔는지를 보여주는 상징적 사건이다.

1970년대 초반, 서울의 도시개발은 도심에서 강남으로 확장되며 남북으로 이어지는 축선을 따라 급속하게 진행되었다. 그래서 이로부터 살짝 비켜선 뚝섬에 삼표레미콘 공장이 자리 잡았다. 이곳에서 만들어진 콘크리트는 성수대교를 타고 강남으로 배달됐다. 한마디로 뚝섬 권역이 강남 개발을 위한 자재를 공급하는 기지로 활용된 것이다.

2000년대 들어 강남의 포화와 함께 서울 도심의 가치가 다시 부각되며 성동구의 입지가 재조명되기 시작했다. 공장 밀집 지역이었던 성수동은 주거지와 문화공간, 업무 지구로 발 빠르게 전환되기 시작했고, 서울숲과 연결된 주변 지역은 상업 지역, 고급 주거지역으로 급부상했다. 이러한 변화 속에서 삼표레미콘 공장과 성수동 일원의 변한 도시 기능은 충돌했고, 주민들 사이에서도 삼표레미콘 공장 이전 요구가 본격화되었다.

하지만 이전은 쉽지 않았다. 삼표레미콘 공장은 서울숲 조성 당시에도 그대로 유지될 정도로 '건드릴 수 없는' 존재였다. 서울시장이 바뀔 때마다 이전 공약이 발표됐지만, 실행 과정에서 좌초되기를 거듭하며 끝내 성사되지 못했다. 주민들의 바람이 간절했지만, 이해관계자 간의 입장 차이는 매우 컸다.

2014년 성동구청장으로 부임한 이후, 8년간 이 문제에 매달렸다. 난마처럼 얽힌 문제여서 특별한 전략도 없었고, 설령 있다 한들 통할 리 만무했다. 유일한 방법은 끈질기게 매달리는 것이었다.

한 번의 합의가 깨졌다고 해서 그것을 파기나 실패로 단정하지 않고, 오히려 그간 쌓인 합의의 경험을 다음 단계로 가는 기반으로 삼았다. 오랜 시간이 걸렸지만, 매 시기마다 '합의의 밀도와 수준'을 높여가는 방식으로 협상을 신전시켰다. 2017년 10월 성동구, 서울시, 운영사인 삼표산업, 부지 소유주인 현대제철 간 공장 철거 및 이전 협력에 관한 협약이 체결되었고, 약 5년간 100여 차례의 협의를 진행했다. 도시 계획의 변화, 대체 부지, 노동자들의 근

삼표레미콘 공장 이전 부지 개발 조감도. 서울숲과 한강을 배경으로 자연과 조화롭게 어우러지는 미래지향적인 건축물과 녹지 공간을 보여준다. 이 부지는 향후 시민들을 위한 문화 생태공간으로 조성될 예정이다.

무 환경 변화에 대한 대안까지 다양한 의제들에 대한 논의가 필요했다. 2021년 즈음부터 실마리가 풀리기 시작하더니 급물살을 타면서, 2022년 삼표레미콘 공장 이전이라는 지역 숙원 사업을 마침내 완수했다.

    삼표 부지에는 최고 77층의 초고층 빌딩 두 개 동이 들어설 예정이다. 업무·숙박·문화·판매시설 등 지역을 대표하는 복합시설로 계획되었다. 현재 개발 방향이 확정 되었지만 그 전까지 비어있는 삼표 부지를 어떻게 활용할 것인지에 대해 성동구청, 서울시, 삼표산업 3자가 논의를 거쳤다. 대형 공연장, 예술 창작소, 생태체험시설 등 시민의 발길을 이끄는 공간들이 제안되었고, 실제 실현되었다. 2023년부터 개발 전인 2025년까지 공용주차장과 가설 건축물을 활용해 문화공연시설로 활용할 수 있었다. 약간의 견해 차이가 존재했지만 3자 간 공동협약에 따라 개발 전까지 이 부지를 시민을 위한 열린장소로 활용할 수 있었던 것이다.

성동구는 서울숲을 단지 공원이 아닌, 도시의 '문화 동력장치'로 삼고자 한다. 대형 공연장, 복합문화시설, 창작 스튜디오 등이 서울숲 인근에 조성되면 서울숲을 찾는 발길은 지금보다 더 많아질 것이다. 이는 성수동의 도시 브랜드 가치를 비약적으로 끌어올린다.

성수동은 더 큰 발전을 이루면서, 또 다른 도전에 직면할 것이다. 성수동의 경제적 가치가 더 높아질수록 '뜨는 동네의 역설'이 심화되기 때문이다. 이에 따라 성수다움을 일군 창작자와 뉴커머스, 크리에이터들이 성수동에서 더 이상 머무르기 힘들어질 수 있는데, 이를 막기 위해서는 기존의 도시재생 정책이나 젠트리피케이션 방지 정책을 넘어서는 새로운 도시 관리 전략이 필요하다.

그래서 성동구는 타운매니지먼트를 준비해왔다. 물리적 기반만이 아니라 행정적·사회적 기반을 함께 설계하고, 공공과 민간이 협력하는 지속가능한 지역관리 체계를 만들어가고 있다. 서울숲은 그 구조적 실험이 펼쳐질 무대가 될 것이다. 그리고 그 무대의 중심에는 문화가 있고, 사람과 기억이 있고, '성수다움'이라는 가치가 있다.

도시의 위기,
타운매니지먼트로 응답하다

4

성수 타운매니지먼트 출범

도시는 시간과 함께 진화한다. 하지만 그 진화는 자동적으로 이뤄지지 않는다. 도시를 살아 숨 쉬게 만드는 것은, 결국 그 안에서 일하는 사람들, 살아가는 사람들, 머무는 사람들이다. 성수동은 도시재생의 성공 사례로 주목받으며 급격한 성장과 주목을 받아왔다. 하지만 그만큼 '뜨는 동네의 역설'도 깊어졌다. 임대료 상승, 공간의 상업화, 창작자의 이탈, 커뮤니티의 해체. 지금 이 순간, 성수다움은 새로운 위기에 직면해 있다.

이러한 상황에서 기존의 도시 정책만으로는 대응이 어렵다는 점이 명확해졌다. 단편적인 보존이나 규제의 방식이 아닌, 도시를 구성하는 다양한 주체들이 함께 참여하고 책임지는 운영 체계, 곧 타운매니지먼트 Town Management

가 필요해진 것이다.

타운매니지먼트는 특정 지역을 '살아 있는 유기체'로 바라보는 관점에서 출발한다. 그 안에 존재하는 공간과 상권, 커뮤니티, 환경 그리고 브랜드를 긴밀하게 연결된 요소로 보고 통합적으로 관리·운영하는 체계다.

'도시재생 사업'이나 '상권 활성화 사업'이 주로 물리적 환경의 개선과 초기 활성화 단계에 집중한다면, 타운매니지먼트는 그 이후의 지속가능한 유지와 발전을 책임지는 구조다. 단순히 새로운 건물을 짓거나 거리를 정비하는 '개발 사업'이 아니라, 이미 만들어진 도시를 어떻게 잘 운영하고 돌볼 것인지에 초점을 맞춘다는 점이 차별점이다.

이 개념은 1980년대 영국에서 본격적으로 모습을 드러냈다. 당시 영국의 많은 도시들이 산업 구조 변화와 경기 침체로 중심가가 급격히 쇠퇴했고, 상권은 활력을 잃고 빈 점포가 늘어났다. 거리는 안전하지 않았고, 도시 경관은 점점 피폐해졌다.

이를 해결하기 위해 영국의 지방정부는 행정기관, 상인회, 부동산 소유주, 시민단체가 함께 참여하는 '타운센터 매니지먼트Town Centre Management'라는 공동 운영 기구를 만들었다. 이 조직은 단순히 상점을 늘리는 데 그치지 않고, 공공시설 관리, 거리 환경 개선, 문화 행사 개최, 브랜드 이미지 강화 등 지역 전반의 운영을 맡았다.

이 모델은 이후 일본, 독일, 미국 등지로 확산되었다.

2025년 성수 타운매니지먼트 출범식. 성수동의 지속가능한 발전을 위해 행정, 주민, 기업 등 다양한 주체가 협력하는 새로운 지역 운영 모델의 시작을 알리는 행사다.

일본은 '지구 관리조직' 형태로, 독일과 미국은 '비즈니스 개선지구BID, Business Improvement District' 제도로 발전시켰다. 이 과정에서 도시 정책의 무게중심도 변했다. 이전까지는 건물과 도로를 새로 짓는 '하드웨어 중심 개발'에 치우쳤다면, 타운매니지먼트는 그 위에 어떤 콘텐츠를 담고, 어떤 사람을 불러 모으며, 어떻게 운영해 갈 것인지, 즉 '소프트웨어 중심 운영'으로 시선을 옮겼다.

수평적 민관협력 거버넌스

결국 타운매니지먼트는 도시를 짓는 기술이 아니라, 도시를 살아 있게 만드는 운영 기술이 핵심이다. 하드웨어를 만드는 일보다 더 중요한 것은, 하드웨어 안에서 사람들이 관계를 맺고 문화를 쌓으며 경제적·사회적 가치를 만들어낼 수 있도록 하는 것이다. 도시를 하나의 유기체로 본다면, 타운매니지먼트는 그 유기체가 오래도록 건강하게 숨 쉴 수 있도록 관리하는 '호흡기'이자 '순환계'라 할 수 있다.

그런 측면에서 타운매니지먼트의 핵심은 '공공과 민간의 협력'이다. 행정이 계획하고 민간이 따라가는 수직적 구조가 아니라, 공공과 민간이 대등한 파트너로서 역할을 나누고, 함께 책임지는 수평적 거버넌스 모델이다. 이 협력은 다음과 같은 구조로 작동한다.

(1) 공공은 제도와 기반을 계획하고 만든다.

공공은 타운매니지먼트의 법·제도적 기반을 만든다. 조례 제정, 조직 구성, 공공시설 제공, 예산 지원, 정책 조율 등을 통해 민간이 활동할 수 있는 틀을 만든다. 주민협의체나 민간운영단체가 실질적인 의사결정과 실행을 할 수 있도록 제도적 문을 여는 일이 공공의 일이다.

또한 공공은 신뢰와 공정성을 담보한다. 다양한 이해관계자 사이의 갈등을 중재하고, 도시 계획과 행정 시스템을 연결하는 허브 역할을 수행한다. 단지 사업을 주도하는

미국 뉴욕 타임스퀘어 야경. 타임스퀘어 BID는 지역 상인과 건물주들이 자발적으로 조직을 만들어 상권 활성화와 환경 개선을 주도하는 타운매니지먼트의 대표적인 성공 사례다.

것이 아니라, 파트너십의 관리자로 기능한다.

(2) 민간은 창의적인 일을 실행한다.
민간은 지역 내에서 실질적인 실행 주체로서 활동한다. 상인, 창작자, 디자이너, 개발자, 청년기획자, 시민단체가 직접 다양한 프로젝트를 기획하고 운영하며, 로컬 콘텐츠와 문화를 만들어간다. 이들은 지역 감각과 현장성을 바탕으로, 타운매니지먼트를 살아 있는 실험장으로 전환시킨다.

민간은 행정이 하기 어려운 섬세한 기획, 창의적 시도, 유연한 운영을 통해 지역에 활력을 불어넣는다. 팝업스토어, 플리마켓, 도시 브랜딩, 커뮤니티 디자인, 청년 창업 프로그램 등은 대부분 민간의 기획에서 출발한다.

(3) 공동의 목표와 자원을 공유하며 협력한다.
공공과 민간이 진정으로 협력하려면 공동의 목표를 설정하고, 공동의 자원을 운용해야 한다. 타운매니지먼트는 이를 위해 운영위원회나 협의체, 조합를 만든다. 여기에 주민, 상인, 예술가, 기업, 구청 공무원, 전문가 등이 함께 참여한다.

이 협의체에서 모든 사업을 기획하고, 논의하고, 실행한다. 예산 배분, 공간 활용, 사업 우선순위도 함께 결정한다. 갈등이 발생할 수밖에 없는 구조이지만, 그 갈등을 조정하고 극복해가는 과정 자체가 도시의 민주주의이자, 회복력의 기반이 된다.

그런 점에서 타운매니지먼트는 도시에 다시 '사람 중심의 운영 체계'를 복원하려는 시도로 정의할 수 있다. 물리적으로 공간을 개발하는 것이 아니라, 그 공간에서 살아가는 사람들의 관계와 경험을 유지하고 확장하는 제도적 장치다.

여러 도시에서 검증한 '타운매니지먼트'

이러한 개념은 이미 여러 도시에서 검증된 바 있다. 각기 다른 방식으로 공공과 민간의 협력을 통해 도시를 공동 운영하고 있다. 이들의 공통점은 도시를 그저 위에서 관리할 대상이 아니라, '우리가 함께 살아가는 삶의 터전'으로 보는 태도다. 미국 뉴욕의 'BID', 일본의 '마치즈쿠리', 네덜란드 암스테르담의 시민참여 방식이 좋은 예이다.

(1) 미국 뉴욕의 BID 모델

뉴욕에는 약 75개의 BID가 있는데, 특정 구역의 상인, 건물주 등 사람들이 자발적으로 만든 모임이다. 이들은 법적으로 인정받은 특별 조직으로서, 자신들이 장사하는 동네 상권을 활성화하고 환경을 개선하는 일을 직접 맡아서 한다.

대표 사례인 Times Square BID는 전 세계적인 상업지구이다. Downtown Brooklyn BID, Flatiron NoMad BID 등 뉴욕의 주요 쇼핑 거리를 관리한다. 이 조직은 거리의 쓰레기를 치우고, 밤에도 안전하게 다닐 수 있도록 순찰을 돌고, 예쁜 조명을 설치하는 등 동네를 쾌적하게 만든다.

세일 행사, 관광객을 위한 캠페인을 벌이는 등 마케팅까지 운영한다. 특히 연말에 거리를 화려하게 만드는 조명과 대형 이벤트는 BID가 만든 대표적인 성공 사례다. 소호 등의 대표적 상업 거리 BID의 경우 매출 상승률이 평균 15~40%가 된다. 상권 매출이 오르고 동네 이미지도 좋아졌다.

가장 중요한 점은 이 모든 사업의 돈을 상인과 건물주들이 직접 마련한다는 것이다. 이들은 특별 부과금을 의무적으로 내고, 이 돈을 어떻게 사용할지 사업 계획부터 예산까지 스스로 결정한다. 즉, 주민들이 직접 낸 돈으로 우리 동네를 직접 좋게 만드는 것이 바로 뉴욕 BID 모델의 핵심이다.

(2) 일본의 마치즈쿠리まちづくり 조직

'마치즈쿠리'는 '마을 만들기, 우리 동네 가꾸기'를 뜻한다. 나고야, 가나자와, 교토 등 일본 각지에서 마치즈쿠리는 도시재생과 상권 활성화의 개념이다. 단순히 낡은 건물을 부수고 거리를 정비하는 차원의 개발이 아니라, 주민들이 직접 참여해서 앞으로 동네를 어떤 모습으로 만들지 설계하는 거버넌스형 도시관리 체계다.

예를 들어 나고야의 한 상점가에서는 상인회, 건물주, 시민단체, 시청이 공동 출자해 타운매니지먼트 회사를 차렸다. 이 회사는 가게 간판이나 외관 디자인 가이드라인을 마련해 거리를 깔끔하게 만들고, 공공 공간에 나무를 심거나 가로등을 설치했다. 또한 계절마다 축제나 마켓, 예술 전시회를 기획하여 사람들을 모은다.

가나자와에서는 전통 공예와 음식을 접목한 거리 브랜딩으로 관광객과 지역 소비를 동시에 활성화하고 있다.

이처럼 마치즈쿠리의 핵심은 지역 이해관계자들이 주체가 되어 마을을 경영한다는 데 있다.

(3) 네덜란드 암스테르담의 지역공간 협약제도

암스테르담은 공공장소 운영에 있어 '공동 관리' 모델을 적용한다. 시정부, 주민, 상인, 예술가가 공간 협약을 맺고, 각자의 책임과 권한을 명시한다. 예를 들어 한 광장을 운영할 경우, 행정은 기본 인프라와 안전을 보장하고, 주민·상인은 시장·축제 등 상업적 활동을 기획하며, 예술가들은 공연·전시 등 문화 프로그램을 구성한다. 유지 및 관리와 수익·비용 분담까지 계약에 포함된다. 이 방식은 공간을 특정 기관이나 기업이 독점하는 것이 아니라, 공동의 자원으로 관리하는 '커먼스화 commons-ization'를 실천하는 모델이다. 암스테르담의 여러 지역 광장과 워터프런트가 이러한 구조로 운영되며, 공간 활용의 다양성과 지속성을 높이고 있다.

이 도시들이 직면했던 과제를 지금 성수동이 마주하고 있다. '성수다움'을 지키고 확장하려면, 성수를 구성하는 행정, 상인, 창작자, 주민 모두가 주체가 되어야 한다. 타운매니지먼트는 그들을 연결하는 '운영의 틀'이다. 그리고 바로 이 지점에서, 성수는 새로운 도시 운영 모델의 실험장으로 거듭나려 하고 있다.

성수형 타운매니지먼트, 운영 구조를 짜다

타운매니지먼트라는 개념이 필요한 시대는 이미 도래했고, 성수동은 그 실험의 최전선에 서 있다. 성동구는 지난 수년간의 도시재생 경험과 주민, 창작자, 기업들과의 협업 속에서, 도시를 관리하는 새로운 구조를 하나씩 설계해 왔다. 그것이 바로 성수형 타운매니지먼트다.

이 제도는 어느 날 갑자기 하늘에서 떨어진 것이 아니다. 붉은 벽돌 거리에서 자생한 수많은 실험과, 실패를 딛고 다시 일어난 로컬 프로젝트, 주민자치와 민간 창의의 반복된 축적을 토대로 설계됐다. 성수 도시재생 주민협의체, 안심상가, 상생협약, 거리 조례 개정, 마을축제와 거리 공연까지 성수형 타운매니지먼트는 우리가 성수동을 성수동답게 발전시키기 위한 흐름을 제도화하고 구조화한 결과다.

따라서 2025년 성수 타운매니지먼트 종합계획은 기존의 행정 주도 도시정비 방식에서 벗어나, 주민과 민간, 전문가가 실질적으로 참여하는 지속가능한 지역 운영 플랫폼으로서의 전환을 목표로 한다. 이는 단순한 상권 활성화나 공간 정비 수준이 아니라, 도시의 일상을 '누가 어떻게 운영할 것인가'에 대한 구조를 다시 짜는 일이었다. 이 시스템은 단계별로 추진될 것이다.

1단계: 공공팝업과 위메이크성수

첫 단계는 성수동의 상징적 프로젝트에 지역 주민과 창작자들 같은 민간 참여 기반을 구축하는 일이다. 대표적인 사례가 성수 산업혁신공간 공공팝업스토어를 운영하는 것이다. 뚝섬역 인근의 유휴 부지를 활용해 로컬 브랜드와 공익적 목적을 결합한 홍보 공간을 마련함으로써, 일회성 이벤트가 아닌 '지속가능한 팝업 모델'을 구축하고자 했다.

사실 성수동은 이제 '팝업의 도시'라 불러도 과언이 아니다. 전 세계 브랜드와 기업들이 성수를 마케팅의 실험장으로 삼고 있다. 하루가 멀다 하고 새롭게 열리는 플래그십 매장과 팝업 공간은 성수를 소비의 핫플레이스로 만들었다. 이 현상은 도시의 에너지를 응축하는 계기가 되었지만, 동시에 젠트리피케이션의 새로운 양상으로도 작용하고 있다. 대기업 중심의 팝업은 공간 임대료를 끌어올리고, 독립예술가와 로컬 브랜드, 초기 창작자들이 진입할 수 없는 구조를 만든다.

이러한 상황에서 공공팝업은 도시 생태계의 다양성을 보전하는 방파제 역할을 한다. 자본 규모와 상관없이 로컬이 설 수 있는 플랫폼, 실험과 실패를 감당할 수 있는 든든한 실험 공간이 되어준다. 성수의 공공팝업은 단지 판매 공간이 아니라, 도시의 문화 자산에 누구나 접근할 수 있도록 문을 열어주는 장치다. 이런 공간이 있어야 대기업 자본에만 휩쓸리지 않고, 성수동 고유의 가치도 차곡차곡

크리에이티브×성수 '패션성수' 런웨이. 성수동 거리에서 열린 패션쇼 모습으로, 축제를 통해 지역의 산업과 문화를 결합하는 시도를 보여준다.

왼쪽: 크리에이티브×성수 'CT 페어'. 문화기술(CT)을 기반으로 한 다양한 전시와 체험 행사가 열리는 모습이다.
오른쪽: 크리에이티브×성수 컨퍼런스. 문화, 기술, 도시 등 다양한 주제에 대한 전문가들의 강연과 토론이 진행되는 모습이다.

쌓아갈 수 있다.

같은 맥락에서 추진하는 것이 '위메이크성수'다. 이는 성수동 로컬 제조업체들이 직접 주체가 되어 팩토리 투어, 웰컴키트, 로컬 브랜드 팝업 등을 통해 소비자와 만나고 자생적 경제 생태계를 형성해가는 공동브랜딩 실험이다. 위메이크성수는 단순한 지역 상품 판매를 넘어, '성수다움'을 체화한 문화적 콘텐츠로 확장될 것이다.

이러한 프로젝트는 공간 실험에 그치지 않는다. 예컨대 연무장길, 성수이로 등에 차양막 설치와 자투리 공간을 활용한 작은 정원을 기획하고 있다. 이는 외국인 방문객의 경험을 배려한 인프라 실험이면서도, 동시에 '보행 중심의 도시 구조'를 만드는 문화적 장치로 기능할 것으로 기대한다. 성수에서 발생하는 작은 실험들은 생활과 도시, 그리고 문화를 유기적으로 엮어내는 장면들이다.

2단계: 통합관리 조례와 주민협의체

두 번째 단계는 제도적 기반 마련이다. 성동구는 2025년 중 '지역통합관리 조례' 제정을 추진하고 있다. 이 조례는 성수동 내 공공 공간(공개공지, 공공시설 등)의 활용 규범, 지역 주민참여기구의 운영 방식, 수익 사업과 도시 계획 간 연계 구조, 광고물 등 도시 미관 관리에 관한 사항 등을 포괄한다. 즉, 타운매니지먼트를 일회성 사업이 아닌 '지속가능한 제도'로 정착시키기 위한 설계다.

동시에 2023년 성수동 전역으로 확대된 지속가능발전구역에 맞춰 상호협력주민협의체를 운영한다. 이 협의체에는 상가임차인, 건물주, 주민, 활동가 등이 참여하고 도시 정책 결정에 있어 실질적인 자문과 참여 권한을 가진다. 이는 형식적인 공청회나 설문조사를 넘어, 지역의 일상적 도시 운영에 주민이 주체로 들어오는 장치로서 도시의 현재와 미래를 함께 논의하고 결정하며 집행하는 협업의 틀이다.

3단계: 삼표 부지 개발과 '크리에이티브×성수'

특히 삼표레미콘 부지 개발 이익을 활용한 '서울숲 문화복합시설' 조성 계획은 성수형 타운매니지먼트가 장기적으로 작동할 수 있는 기반 공간으로 기능할 것이다. 서울숲과 인접한 이 지역은 공장으로 활용되던 과거의 산업적 흔적과 오늘날 시민들의 삶이 맞닿아 있는 도시의 접점이자, 미래 성수동의 도시 문화가 구체적으로 실현될 공간이다. 문화복합시설은 단순한 상업시설이 아니라 예술과 기술, 커뮤니티가 공존하는 복합적 플랫폼으로, 민간의 창의성과 공공의 철학이 융합된 지속가능한 도시 거버넌스의 장이 될 것이다.

또한 매년 9월 열리는 '크리에이티브×성수'는 이 모든 구조가 현실에서 어떻게 작동하고 있는지를 보여준다. 디자인, 전시, 푸드, 음악, 디지털 기술이 뒤섞인 이 축제는 단순한 문화 행사가 아니라, 지역 기업과 예술가, 주민과 행정이 함께 만드는 성수동 고유의 도시 문화 표현이다. 다채로운 콘텐츠가 동네 곳곳에서 열리는 이 축제를 통해 성수동은 공간뿐 아니라 시간의 리듬까지 새롭게 디자인하고 있으며, 이로써 도시 브랜드의 파워를 더욱 강화하고 있다. '크리에이티브×성수'는 성수동이 왜 오늘날 서울에서 가장 흥미로운 동네로 불리는지를 증명하는 살아 있는 사례이자, 성수형 도시재생이 보여줄 수 있는 미래 가능성의 축소판이다.

이처럼 성수형 타운매니지먼트는 단지 제도를 만드는 것이 아니라, 그 제도가 일상에서 어떻게 작동하는지를 설계하는 것이다. 공공은 제도의 문을 열고, 민간은 일상의 실험을 기획하며, 주민은 생활의 주체로 참여한다. 그리고 그들이 만나는 장면이 바로 성수다움의 현재이며, 성수동의 내일이다.

    이 구조는 아직 완성된 모델이 아니라 지금도 실험하며 조정 중이다. 하지만 분명한 것은 하나다. 성수는 도시를 '어떻게 만들 것인가'에서 '어떻게 운영할 것인가'로 질문을 바꾸고 있다 그런 질문을 계속하는 것이 바로, 성수다움을 지키는 가장 현실적인 방식이다.

문화가 경제가 되는 도시

5

'성수다움'을 체계화할 프레임, 'E+ESG'

성수동에서 시작된 타운매니지먼트는 단순한 지역 실험을 넘어, 성동구 전체의 도시 정책으로 확산될 것이다. 성수에서 이뤄지는 로컬 크리에이터의 자생적 실험, 공공팝업을 통한 공정한 유통 실험, '위메이크성수'를 통한 로컬 브랜딩 실험 등은 제각각 유의미한 성과를 창출하고 있다. 하지만 이들이 성동 전역에서 일관된 전략으로 작동하려면, 각 사업들을 하나의 정책 언어로 연결하고 체계화할 프레임이 필요했다.

바로 그 역할을 E+ESG가 수행할 것이다. 주민 삶의 질을 동등하게 고려하는 성동형 지속가능성 철학이자 지침이다. 성동구는 E+ESG를 통해 공공행정의 문법을 다시 짜고 도시 정책 전반을 재설계할 것이다. 이에 따라 성수동에서 창출한 혁신의 성과는 성동구 전역으로 확장될 것이다.

E(경제)는 문화를 더함으로써 튼튼한 회복력을 유지하며 지속 성장할 것이다. 전통적으로 문화는 경제와 별개로 취급되어 왔다. 그러나 성수는 달랐다. 창작자의 작업실이 곧 매장이고, 갤러리가 창고였으며, 작은 공방이 새로운 브랜드의 시작점이 되었다. 성수는 '문화가 경제가 되는 도시'의 현장이었다. E+ESG는 이러한 현장 기반의 흐름을 제도화하며, 문화 산업을 도시경제의 주요 축으로 공식화했다.

문화가 경제가 되는 도시, 성수의 경험은 '위메이크성수'를 통해 표준화되어 성동구 전역으로 전파될 것이다. 이 프로젝트는 지역 로컬 메이커들이 직접 참여해 브랜드를 만들고, 팝업과 투어, 웰컴키트 등으로 시장과 연결되는 자생적 순환 구조를 실험하는 것이다. 공공은 이 구조를 지원하고 조율하는 역할에 집중할 것이다. 소비의 끝에 가치가 아닌 이야기와 경험이 남도록 설계한 문화 산업 전략이다.

E(환경)는 환경만이 아니다. 공간도 환경이다. 성수는 물리적으로 오래된 도시였다. 붉은 벽돌과 낡은 공장이 많은 사람들에게 낙후한 곳으로 보였지만, 성동구는 그곳에서 '시간의 매력'을 봤다. 팩토리의 미감을 보존하고, 리사이클과 업사이클을 유통 시스템에 통합하며, '도시의 기억'을 공간 자산으로 전환했다. 환경 정책은 더 이상 나무를 심는 것만이 아니다. 기억을 남기는 일 또한 환경의 일부다.

S(사회) 사회적 포용, 도시의 기본값이다. 도시 정책에

서 사회란 누가 이곳에 계속 살 수 있느냐의 문제다. 성동구는 젠트리피케이션 방지 정책을 넘어서, 안심상가, 상호협력주민협의체, 임대료 안정 협약, 프랜차이즈 제한 등 구체적 도구로 포용의 조건을 만들고 있다. 이는 창작자와 소상공인의 생존권을 보장하는 동시에, 문화의 다양성을 지켜내는 일이다.

G(지배구조) 명령과 통제의 구조가 아닌 협치를 지향하는 것이다. 타운매니지먼트, 주민협의체, 민간자문위원회, 크리에이티브×성수 축제 운영조직 등 성동구는 협치의 틀을 정교하면서도 다층적으로 짜고 있다. 이를 통해 모든 시민이 정보를 공유하고, 자율적으로 기획하고 실행에 동참할 것이다. 이에 발맞춰 공공행정은 시민참여를 제약하는 각종 장벽을 해소하고 더 많은 시민이 더 깊게 참여할 수 있게 제도적 보완을 지속할 것이다. 이것이 성수에서 이뤄지는 G의 실체다.

E+ESG는 성동구청에서 특정 정책 항목을 가리키는 말이 아니다. 이는 도시 정책 전반을 움직이는 작동 원리이자 운영 철학이다. 도시재생, 기업지원, 교통체계, 환경정책, 교육문화, 복지행정 등 모든 분야에 ESG적 사고를 내재화하는 것이 핵심이다. 단순히 '성장'을 향하는 도시가 아니라, 지속가능하고 정의롭고 모두를 포용할 수 있는 도시로 나아가야 한다는 믿음에서 설계된 정책의 틀이자 방향성이다.

이러한 철학은 2023년부터 성동문화재단과 함께 시작한 '크리에이티브×성수' 축제에서 구체적으로 드러난다. '세계 최초의 문화기술(CT) 기반 문화창조산업축제'라는 문구를 내걸었지만, 본질은 지난 10여 년간 성수동이 축적해온 문화와 산업의 성과를 융합하는 지속가능한 플랫폼을 만드는 것이다.

크리에이티브×성수는 문화, 기술, 디자인, F&B, IT, 공예, 패션, 웹툰 등 12개 분야의 창작자와 기업이 참여하는 융합형 문화 산업 축제다. 매년 9월, 일주일 동안 성수 전역이 무대가 되며, 전시장, 쇼룸, 거리, 공원이 모두 행사 공간으로 변모한다. 2023년 행사에서는 서울숲 잔디광장에서 열린 오픈 스테이지 공연, 골목 곳곳에서 진행된 팝업 전시와 마켓, 크리에이터와 투자자가 만나는 네트워킹 라운지 등이 열렸다. IT 스타트업은 최신 인터랙티브 기술을 시연했고, 공예 작가는 전통과 현대를 결합한 작품을 현장에서 제작하여 판매했다.

이 축제는 단순한 일회성 이벤트가 아니다. 정책의 철학(E+ESG)이 그대로 구현·실험되는 공공 플랫폼이며, 여기서 도출된 경험과 피드백이 다시 정책에 반영되는 순환 구조를 가진다. 말하자면 정책이 축제 속에서 살아 움직이고, 축제가 정책을 다시 설계하는 장이다. 예를 들어, 2023년 행사에서 시범 운영한 친환경 행사 운영 매뉴얼은 이후 성동구의 공공 행사 가이드라인으로 정착되었고, 지역 창업

성수동에 위치한 아이아이컴바인드(젠틀몬스터) 사옥. 독특한 건축 디자인으로 주목받으며, 성수동이 패션과 문화의 중심지로 부상하는 데 기여하고 있다.

가들이 제안한 로컬 브랜드 협업 모델은 기업지원 프로그램으로 발전했다.

성수의 문화 산업 전략은 이제 '지역 실험'의 차원을 넘어섰다. 서울 전역의 도시 정책, 나아가 대한민국 도시 거버넌스의 모델로 확장되고 있다. 과거에는 도시 행정을 넘어 '도시 경영'을 지향해야 한다는 주장이 나왔지만, 성수의 사례는 한 발 더 나아간다. 도시는 경영의 대상이 아니라 하나의 문화로서 사고되고 재구성되어야 한다는 것이다. 성수는 그 전환을 가장 실감나게 보여주는 현장이며, 여기서 진화한 E+ESG 구조는 도시가 스스로를 지속시키는 방법으로 점점 정교해지고 있다.

성수동, '뜨는 동네'를 넘어 '만드는 도시'로

성수동은 이제 단순한 유행을 지나서 도시재생과 문화 산업이 결합된 구조적 혁신 모델로 진입하고 있다. 이에 맞춰 정책 전반이 변하고 있다. 복지, 환경, 교육, 안전, 교통, 거버넌스 등 모든 분야에서 문화적 접근과 지속가능성 중심의 정책들이 실행되고 있다. 성수는 더 이상 '뜨는 동네'가 아니라, '만드는 도시'로서 스스로 도시의 감각과 구조를 창조하는 플랫폼이 되고 있다.

지금까지 성수동에서 전개된 다양한 시도와 성과는 결국 문화와 산업의 융합이라는 거대한 흐름으로 모이고 있다. 10년 전, 이곳에는 변화를 꿈꾸는 젊은 디자이너들이 하나둘 들어왔다. 그들은 기계음이 멈춘 낡은 공장과 창고를 직접 손질해 이색적인 콘셉트의 편집숍을 열었고, 골목 사이마다 소규모 전시와 팝업스토어가 들어섰다. 세련된 인테리어와 실험적인 디스플레이, 그 속에 스며든 창작자의 땀과 개성은 금세 사람들의 발길을 끌어모았다. 커피향이 퍼지는 카페, 벽면을 가득 채운 회화 작품, 현장에서 즉석으로 제작되는 액세서리까지, 패션·예술·카페 문화가 결합된 전혀 새로운 거리 풍경이 펼쳐졌다.

이후 '무신사'와 '아더에러'가 성수동에 둥지를 틀었다. 무신사는 온라인 커뮤니티에서 탄생한 스트리트 패션 문화를 오프라인으로 확장하여 매장을 문화 놀이터로 변모시켰다. 아더에러는 독창적인 비주얼 아트와 실험적 패션 기획을 결합해, 매장 안팎을 하나의 작품처럼 연출했다. 성수동은 단순한 소비 공간이 아니라, 브랜드의 세계관과 라이프스타일이 그대로 구현되는 '브랜드 경험의 무대'로 진화했다.

> 7~8년을 성수동에서 일하면서 동네의 변화를 가장 가까운 곳에서 지켜봤어요. 이 변화의 흐름은 앞으로도 계속될 거라 예상합니다. 역동적으로 계속 변화하는 동네라면, 이 동네가 가진 색깔을 지키며 함께 성장을 주도하고 싶어요. 서울이 글로벌해지고, 그 안에서도 성수동이 알려진다면. 이곳에

서 의미 있는 가치와 라이프스타일을 만들어가는 창작자와 기업 역시 글로벌하게 주목받을 수 있지 않을까요?
— 김시온(TPZ 대표)

최근에는 아이웨어 브랜드 젠틀몬스터로 잘 알려진 '아이아이컴바인드'가 합류하며 성수동의 문화 지형에 강렬한 인상을 남겼다. 전 세계 패션·아이웨어 시장에서 주목받는 이 브랜드는 '안경 매장'이라는 고정관념을 완전히 깨고, 매장공간을 하나의 몰입형 예술 전시관으로 재해석했다.

성수점에 들어서면 유리 진열장과 매대 대신, 초현실적인 조형물과 세심하게 설계된 조명이 공간을 지배한다. 벽면을 따라 움직이는 거대한 기계 장치, 거울과 영상이 교차하는 미디어 아트, 시간에 따라 색이 변하는 조명 연출이 매장 전체의 분위기를 시시각각 바꾼다. 몰입형 사운드 디자인은 관람객의 동선을 따라 감정선을 유도하며, 제품을 살펴보는 순간조차 하나의 연극 장면처럼 구성된다.

방문객은 '물건을 사러 간다'를 넘어 '브랜드의 세계 속으로 여행을 간다'라는 감각을 얻게 되고, 구매 행위는 그 여정의 일부가 된다. 젠틀몬스터는 이를 통해 리테일을 단순 판매 채널이 아닌 브랜드 세계관 체험 플랫폼으로 끌어올렸으며, 성수동을 '실험적 리테일 전략'의 글로벌 쇼케이스로 활용하고 있다.

다음 단계: '도시형 창작 허브'를 향해

문화·패션을 넘어 콘텐츠·미디어 산업의 변화도 성수동 한가운데서 진행 중이다. 글로벌 게임기업 '크래프톤'은 성수동 일대에 수천억 원 규모를 투자해 크래프톤 타운을 조성한다. '배틀그라운드'로 전 세계 게임 시장을 제패한 크래프톤은 단순한 오피스 건물이 아니라, 본사, 게임 개발 스튜디오, e스포츠 경기장, 복합문화시설을 결합한 대규모 거점을 계획하고 있다.

이곳에는 AAA급 게임 개발을 위한 최신 제작 인프라와 테스트룸, 실시간 방송이 가능한 e스포츠 전용 스튜디오, 팬과 플레이어가 함께 어울릴 수 있는 오프라인 라운지, 그리고 대중을 위한 체험형 게임 전시관이 포함될 예정이다. 또한, 크래프톤 타운은 단순한 사무·개발 공간이 아니라, 게임·미디어·이벤트가 결합된 새로운 산업 클러스터로 설계되어 있다.

이 프로젝트가 완성되면 성수동은 글로벌 게임 콘텐츠의 기획·개발·유통이 한곳에서 이루어지는 허브가 되며, 이는 지역 문화 산업 구조를 고도화하고 세계 시장에서의 경쟁력을 크게 높이는 촉매 역할을 하게 될 것이다.

이런 흐름 속에서 성동구는 서울숲 부지에 대형 다목적 공연장을 조성하려 한다. 여타 도시의 공연장이 '문화 소비 공간'에 머무르는 것과 달리, 성수동이 계획하는 공간은 문화의 생산과 소비가 한데 순환하는 구조를 목표로 한

성수동에 건립 예정인 크래프톤 신사옥 조감도. 게임 개발 스튜디오, e스포츠 경기장, 복합문화시설 등을 포함하여 성수동을 글로벌 게임 콘텐츠 허브로 발전시키는 데 기여할 것으로 기대된다.

다. 제작 스튜디오, 리허설룸, 전시·마켓 존이 한 건물 안에 들어서, 창작과 공연, 판매와 교류가 끊임없이 이어지는 플랫폼이 될 것이다. 패션, 음악, 게임, 디자인, 로컬 크리에이티브 등 성수에서 이미 형성된 문화 트렌드가 이곳에서 집약·확산되며, 시민 누구나 그 과정을 직접 경험하고 참여하게 된다.

이 공연장이 완공되면 성수동은 로컬 창작자·글로벌 브랜드·시민이 함께 문화를 만들고 향유하는 '도시형 창작

허브'로 도약하게 된다. 이는 성수동 문화 산업의 매력과 경쟁력을 지속적으로 강화하고, 서울 전체의 문화지도를 새롭게 쓰는 계기가 될 것이다.

그러나 성수동의 미래는 보장된 것이 아니다. 지난 10여 년간 엄청난 도약을 이루었지만, 급변하는 세계 속에서 언제든 균열이 생길 수 있다. 그 길이 결코 순탄하지 않다는 것을 우리는 안다. 하지만 그동안 성수동이 지켜온 가장 중요한 원칙, 즉 도시에 사는 모두가 함께 고민하고 공유하는 문화가 유지되는 한, 어떤 변수에도 굴하지 않고 오늘의 가능성을 내일의 현실로 바꿀 수 있다.

문화 산업은 도시를 지속가능하게 하는 전략

그 길의 중심에는 '성수다움'이 있다. 시민, 창작자, 상인, 청년, 어르신이 함께 살아갈 수 있는 포용적인 도시이며, 창조적 실험과 연대가 일상이 되는 공간을 만드는 일이다. 이를 지키고 확장하는 것이 지금 우리가 해야 할 가장 중요한 도시 정책이다.

백범 김구 선생은 "오직 한없이 가지고 싶은 것은 높은 문화의 힘"이라고 말했다. 한때 이 말을 이상적인 수사로만 여겼지만, 지금은 절절히 느낀다. 아무리 강력한 군사력, 방대한 경제력도 문화의 힘이 없으면 오래 지속될 수 없다.

문화 산업은 단순히 공연이나 전시를 기획하는 일이

아니다. '우리는 어떤 도시에서 살아가고 싶은가', '어떤 삶을 다음 세대에게 물려주고 싶은가'라는 질문이며, 도시 존재 이유를 다시 묻는 작업이다. 그 대답은 법이나 제도 같은 눈에 보이는 장치만으로는 충분하지 않다. 도시의 정체성은 행정 문서가 아니라, 일상 속에서 실천되고 축적되는 생활의 리듬 속에 깃들어 있다.

문화가 산업이 될 수 있고, 동시에 도시 전략이 될 수 있다는 사실을 몸소 증명한 도시가 바로 성수다. 과거 붉은 벽돌 공장지대였던 이곳에서 창작자, 기술자, 예술가, 주민은 함께 실험했으며, 때로는 실패했고, 또 그 실패를 자산으로 삼아 다음 단계를 준비했다. 공간 재해석, 제도의 유연화, 주민 참여, 끊임없는 협치와 조정 등, 성수동은 자신을 실험대 삼아 도시재생의 모든 단계를 통과해왔다. 이 과정은 단발성 정책이 아닌, 시간이 만든 문화적 생태계를 구축하는 일이었다.

> 성수동의 매력은 생산과 판매가 공존하는 데 있습니다. 오래된 것과 현대적인 것이 조화를 이루고, 만드는 사람과 파는 사람이 어우러져 실험적인 작업을 가능하게 합니다. 각자의 창의력을 펼치는 공간 안에 건물과 사람마다 제각각의 감정이 느껴지는 스토리가 담겨 있어 성수동을 좋아합니다.
> ─ 이미숙(브랜드 니드인 대표, 단추 디자이너)

이제 우리는 그 실험의 결과를 기록하고 체계화해, 다른 도시들도 성수처럼 '사람이 머물 수 있는 이유'를 발견할 수 있도록 해야 한다. 도시는 공장이 아니다. 완성품을 찍어내는 곳이 아니라, 사람과 관계, 시간이 겹쳐지며 의미를 만들어내는 살아있는 유기체다. 그렇기에 문화는 도시의 본질이고, 문화 산업은 도시를 지속가능하게 하는 전략이어야 한다.

    결국 사람들을 이끌고 머무르게 하는 매력을 만드는 일이 중요하다. 우리가 그 매력을 문화에서 찾아내고, 이를 일상에서 실천하며 쌓아 올린다면, 성수의 내일은 오늘보다 더욱 견고하고 지속가능할 것이다.

에필로그

정치政治의 '치治' 자는 '물 수水'와 '별 태台'가 결합된 글자다. 여기서 '태台'는 '돈대 대臺'와 뜻이 통하며, 물水과 어우러져 큰 강을 따라 홍수를 막기 위해 쌓은 제방을 상징한다. 고대 중국의 치수治水 사업과 관련된 글자로, '치治'는 처음에는 '물을 다스린다'는 뜻에서 출발해 점차 '나라를 다스린다'는 의미로 확장되었다.

전설에 따르면 고대 중국의 통치자 순舜임금은 치수를 위해 신하 곤鯀에게 그 임무를 맡겼다. 곤은 제방을 쌓아 물을 막아 홍수를 다스리려 했지만, 제방이 무너지고 물이 범람하여 실패한다. 이로 인해 곤은 사형을 당한다.

곤을 이어 그의 아들인 우禹가 치수사업을 맡았다. 그는 아버지와 다른 방식으로 접근했다. 곤처럼 억지로 물을 막으려 하지 않고, 물의 흐름을 관찰하며 땅을 파서 자연스럽게 물길을 내는 방식으로 문제를 해결한 것이다. 결국 우는 치수에 성공하였고, 그 공로로 하夏 왕조를 열었다.

이 이야기에서 우리는 정치의 핵심 원칙과 방도를 발견할 수 있다. 정치는 곧 물길을 내는 일이다. 흐름을 억누

르려 하지 말고, 물이 자연스럽게 흘러가도록 길을 트는 것이 정치의 역할이다. 오늘날 일부 정치인들은 모든 문제의 중심에 서서 모든 것을 자기 방식대로 규정하고 직접 해결하려고 한다. 이런 정치는 실패할 수밖에 없다. 억지로 막는 제방은 결국 무너지고, 흐름은 통제할 수 없게 된다. 도리어 제방 때문에 억눌린 물이 세차게 범람하며 피해가 더욱 커질 수도 있다.

정치는 우 임금처럼 해야 한다. 민심의 움직임을 세심히 관찰하고, 세상이 가고자 하는 방향을 존중하며, 그 흐름이 이어지도록 조율하고 지원하는 자세가 필요하다. 정치는 주도가 아닌 조율이다. 끌고 가는 일이 아니라 길을 터주는 일이다. 민심과 세상의 흐름을 보고 그들이 나아가고자 하는 방향에서 막힘이 없고, 에둘러 가지 않도록 하는 것. 그것이 정치의 참된 자세이며, '治' 자가 우리에게 남긴 오래된 교훈이다.

2014년 성동구청장으로 일하기 시작하면서 성수동에서 수많은 사람들을 만났다. 김재원 대표나 홍동희 작가처럼 창의적 뉴커머스를 택한 사람들에게서 오래된 골목과 건물들이 지닌 문화적 매력과 산업적 가능성을 배웠다. 지춘희 디자이너와의 대화를 통해 도시 디자인의 가치와 중요성을 이해하게 되었고, 정경선, 허재형, 김정태 대표와 같은 청년 사회혁신가들과는 소셜벤처와 기업가 정신에 대해 함께 고민했다. 그밖에도 헤아릴 수 없이 많은 사람들을 만나 성수동의 미래를 이야기했고, 그들의 생각과 실천 속에 담겨 있던 도시의 혁신적 비전을 이해할 수 있었다.

　나는 사람들과의 만남에서 성수의 미래를 발견했다. 그런 점에서 스스로 성수로 찾아온 이들이야말로 '먼저 온 미래'였고, 바다를 향해 나아가는 물줄기의 선도자들이었다. 그 물줄기가 막힘없이 흐르도록 뚝섬역 일대에 예정되었던 재개발 계획을 취소했고, 젠트리피케이션 방지 정책을 추진했다. 붉은 벽돌 마을을 조성했고 소셜벤처 육성 정책에 힘을 기울였다. 지금은 타운매니지먼트 사업을 추진하며 문화와 산업의 융합과 고도화를 꿈꾸고 있다.

　'한국의 브루클린, 성수'는 바로 이 과정에서 자연스럽게 도출된 슬로건이었다. 낡고 쇠퇴한 공업지대에서 문화와 혁신이 살아 숨 쉬는 창조도시로, 성수동이 나아가야 할 미래상이 이 슬로건에 응축되어 있었다. 이 슬로건은 단순한 도시 마케팅 문구가 아니었다. 성수에 모인 수많은 사람들의 열정과 실천이 어울려 만들어낸 하나의 방향이자, 새로운 도시 정체성에 대한 선언이었다.

　무엇보다 중요한 것은, 이 슬로건을 통해 성수동의 미래를 일부 소수의 실험에 머무르게 하지 않고, 전 구민과 함께 나누고 공유할 수 있었다는 점이다. 구청은 이 슬로건을 매개로 성수동 도시재생의 가치와 방향성을 주민들과 나누었고, 주민들은 이를 통해 성수동의 변화가 자신들의 삶과 무관한 일이 아님을 공감하게 되었다. 그렇게 '한국의 브루클린, 성수'는 단지 외부를 향한 도시 브랜딩이 아니라, 내부의 시민 정체성과 공동체적 자긍심을 다시 세우는 계기가 되었다.

2015년, 우리는 '성수동이여 플랫폼이 되자'를 새로운 도시브랜드(BI)로 선포했다. 이는 성수동의 발전을 어떻게 이끌 것인가에 대한 성동구의 철학을 담은 선언이었다. 나를 포함한 성동구청의 모든 구성원이 플레이어가 아닌 플랫폼이 되자고 다짐했다. 플레이어는 성수의 발전을 이끄는 혁신가들과 주민이다. 우리의 역할은 그들이 꿈꾸는 것을 자유롭게 실험하고 생산할 수 있는 터전을 만드는 것이었다.

2016년 건물주가 지속가능한 지역 발전을 위해 자발적으로 임대료 인상을 제한하는 '상생협약'을 체결하는 과정에서 가수 인순이는 스스로 주민이자 건물주로 협약에 참여했다. 그녀는 더 많은 건물주가 함께할 수 있도록 건물주 설득에 앞장서기도 했다.

2022년 무신사는 본사를 압구정에서 성수로 이전했다. 무신사의 이전과 지역 상생을 논의하기 위해 처음 만난 자리에서 조만호 대표는 무신사의 이전으로 성수동이 패션·문화 산업의 글로벌 클러스터가 될 것이라 자신했다. 그리고 크래프톤을 포함해 패션 외에도 다양한 기업의 본사가 성수로 이전해 올 수 있도록 앞장서 홍보대사를 자임

무신사와 SM엔터테인먼트는 성수를 대표하는 기업들이다. 사진은 두 회사가 성수로 본사를 이전하는 과정에서 성동구의 지원에 감사를 표한 것이다. 왼쪽은 무신사 본사 이전 지원 감사패, 오른쪽은 SM엔터테인먼트 본사 이전 지원 감사패.

했다. 이처럼 이 책에 소개된 모두가 주민이자 한 명 한 명의 혁신가로 성수의 발전을 이끌었다. 성수동의 성공은 사람들이 스스로 일군 변화의 상징이라는 점에서 값지다.

    이는 성동구에만 해당하는 이야기가 아니다. 오늘날 대한민국은 '한류', 'K-컬쳐'의 중심지로 세계의 부러움을 사고 있다. 세계적인 제조업 강국이며, 또한 문화, 패션, 뷰티, 음식, 의료, 공공과 민간 서비스 등 여러 면에서 'K' 트렌드를 선도하고 있다. 심지어 총 한 자루 제대로 만들지 못하던 나라에서 '믿고 쓰는' K-방산의 신드롬을 일으키는 나라로 변모했다. 우리는 이미 세계를 선도하는 첨단 산업과 지식, 기술을 보유한 나라다. 이런 상황에서 굳이 정치가 앞자리를 고집하며 주인공이 될 필요는 없다. 개인과 기업을 비롯해 수많은 주체가 이미 자유롭고 창조적으로 활발하게 움직이고 있다. 정치의 역할은 그들이 더욱 자유롭고 창조적으로 활동할 수 있도록, 튼튼하고 유연한 플랫폼을 설계하고 구성하는 것이다.

성수동이 바로 그 증거다. 성수동은 21세기의 정치와 행정이 어떤 역할을 해야 하는지를 보여준 도시였고, 그 유효성을 입증한 도시였다. 도시 한복판에서, 사람의 힘과 아이디어가 어떻게 공간을 바꾸고 미래를 만들어내는지를 우리는 이미 경험했다. 그 흐름을 가로막지 않고, 흘러가도록 길을 내주는 것. 그것이 정치가 해야 할 일이고, 우리가 앞으로도 지켜야 할 자세다.

함께 '성수'를 만든 사람들

'성수'는 행정이 만든 도시가 아니라, 수많은 사람이 모여 만들어낸 도시입니다. 본문에 특정 맥락에서 이름이 언급된 분들뿐 아니라, 더 많은 사건과 순간들을 함께해주신 수많은 분의 창의력과 열정, 노력이 지금의 '성수'를 만들었습니다. 이 자리를 빌려 그분들의 이름을 남기며, '성수다움'이라는 고유한 가치와 '성수만의 이야기'가 다채롭게 만들어지는 과정을 함께할 수 있었던 것에 진심으로 감사드립니다.

강민규(서울시립대 도시행정학 조교수)
강연태(협동조합 성수지앵 감사)
구자훈(성동구청 총괄 건축가)
김근선(상호협력주민협의체 위원)
김금애(상호협력주민협의체 위원)
김기진(사회적 협동조합 공감과연대)
김두환(뚝섬역상점가상인회 회장)
김명선(협동조합 성수지앵)
김민영(소녀방앗간 대표)
김상훈(성동 희망포럼 조직국장)
김선희(성수도시재생주민협의체 주민분과장)
김성찬(한국패션산업협회 전무)
김상택(디자인그룹더블클릭)
김수진(협동조합 성수지앵)
김시온(TPZ 대표)
김용배(팬 커뮤니케이션 코리아 대표)
김윤미(협동조합 성수지앵 이사)
김이사(헬로우뮤지움 관장)
김재원(포인트오브뷰 대표)
김재현(크레비스파트너스 대표)
김정용(한림건축종합건축사사무소 이사)
김정태(MYSC 대표)

김종영(5to7 대표)
김태현(가치공간 대표)
김현정(LG헬로비전 본부장)
김현환(전 문화체육관광부 차관)
김홍순(한양대 도시공학과 교수)
김희정(《Oh!성수》 발행인)
남기범(산업클러스터학회 부회장)
남진(서울시립대 도시공학과 교수)
노승범(한양대 건축학부 교수)
도현명(임팩트스퀘어 대표)
문수봉(서울웹툰아카데미 대표)
박명훈(협동조합 성수지앵 상임이사)
박소영(세컨드투모로우 대표)
박인하(서울웹툰아카데미 이사장)
박종석(마크앤 대표)
박진우(인스타그램 성수교과서 운영)
박춘성(아르스 건축사사무소 대표)
방태봉(성수2가1동 주민자치위원장)
배문찬(이피코리아 대표)
백영화(사계절공정여행 대표)
백은지(서원대학교 웹툰콘텐츠학과 교수)
서기순(성동구 새마을부녀회 회장)
서윤수(맘상모 공동운영위원장)
송규길(상호협력주민협의체 위원장)
송상철(동해종합기술공사 부사장)
송인혁(유니크굿컴퍼니 대표)
송홍연(성수1가 2동 주민자치회 고문)
신근혜(녹색공유센터)
신영주(공인중개사)
신옥분(성수도시재생주민협의체 붉은벽돌분과장)
신윤선(유쾌한 대표)
신중진(성균관대학교 교수)
신해웅(한양여자대학교 링크사업단 단장)
심진우(베젤 책임연구원)
써니킴(SXSW 코리아 대표)

양미자(성수도시재생 주민협의체 주민부분과장)
양재섭(서울연구원 명예연구위원)
엄선영(이움도시건축 대표)
오세은(성연아이앤씨 대표)
오은미(지음엔지니어링 부사장)
우미선(책읽는엄마책읽는아이 대표)
유기현(한광전기공업 대표)
유영지(더로드메이커 대표)
유주형(어니언 대표)
유홍식(수제화 1호 명장)
윤연주(협동조합 성수지앵 이사장)
윤홍조(마리몬드 대표)
음성원(도시건축 전문작가)
이 겸(데이즈드 코리아 대표)
이계창(수피SUPY 대표)
이광환(해안건축 소장)
이남곤(윤경양식당 대표)
이명자(상호협력주민협의체 위원)
이명훈(한양대학교 도시대학원장)
이미순(성수1가 2동 주민자치회장)
이민권(한국소상공인경영연구원 원장)
이민성(동네건축가들 대표)
이상봉(이상봉 대표)
이수경(유비건축사사무소 대표)
이순애(협동조합 성수지앵)
이승환(피이그 대표)
이의헌(점프 대표)
이재웅(다음커뮤니케이션 창업자)
이정수(성수도시재생주민협의체 문화부분과장)
이주석(퀴버 서울숲 대표)
이철민(성수2가1동 주민자치회장)
이한조(아이센트 코리아 대표)
이호규(에스팩토리 대표)
인순이(가수)
임동우(프라우드 건축사사무소 소장)

임준우(소풍 대표)
장희진(가로재법률사무소 변호사)
전경선(희락공방 대표)
전선희(커피로그리는꿈 대표)
전영기(상호협력주민협의체 부위원장)
전태수(JS슈즈디자인연구소 대표)
정경선(루트임팩트 공동 대표)
정영수(2호 수제화 명장)
정지선(게토얼라이브 대표)
정진영(올레모둠 대표)
정창호(에코건축사사무소 대표)
정현숙(협동조합 성수지앵)
조경웅(KT&G 상상플래닛 리더)
조범진(한양여자대학교 실용음악과)
조영하(도만사 대표)
조인숙(협동조합 성수지앵)
지준기(상호협력주민협의체 의원)
지춘희(미스지콜렉션 대표)
차성미(한양여자대학교 링크사업단 부단장)
최근준(오티비컴퍼니 대표)
최도인(메타기획컨설팅 본부장)
최원석(프로젝트렌트 대표)
최정윤(일일공일팔 대표)
최준호(한국예술종합학교 연극학과 교수)
최중명(국제생명 카메라프로젝트 대표)
한상엽(소풍 대표)
허경아(협동조합 성수지앵)
허미호(위누 대표)
허범무(고우넷 대표)
허재형(루트임팩트 공동 대표)

홍동희(할아버지공장 대표)
홍원근(페이지터너 대표)

성수 타운매니지먼트 출범식 참여 기업
에스제이그룹
무신사
스위트스팟
JKND
KT Estate
SM엔터테인먼트
큐브엔터테인먼트
삼표산업
신도리코
아이아이컴바인드
원앤원
크래프톤
현대글로비스
콥틱
DSC인베스트먼트
트러스톤자산운용
삼우종합건축사사무소
쏘카
오니프
미니프린트
서울브루어리
한아조
DLS by DSLSM
이스트오캄
모든요일의방

- 소개된 이력은 활동 당시 성동구청 기록에 따른 것으로, 현재와 다를 수 있습니다.
- 명단에 '주민자치회장'과 '주민자치위원장'이 있는데, 2019년 이전은 주민자치위원장이고, 이후부터는 주민자치회장으로 호칭이 바뀌었습니다.

성수동
도시는 어떻게 사랑받는가

초판 1쇄 발행 2025년 11월 15일
초판 3쇄 발행 2025년 12월 10일

지은이 정원오
펴낸이 김현종
기획총괄 배소라 **출판본부장** 안형태
편집 최세정 진용주 황정원 김수진 장진경
디자인 조주희 김연주 **마케팅** 김에리 신잉걸
방송사업·미래전략본부 정태준 문상철 이주리 백범선 남궁주철

펴낸곳 (주)메디치미디어
출판등록 2008년 8월 20일 제300-2008-76호
주소 서울특별시 중구 중림로7길 4
전화 02-735-3308 팩스 02-735-3309
이메일 medici@medicimedia.co.kr 홈페이지 medicimedia.co.kr
페이스북 medicimedia 인스타그램 medicimedia
유튜브 medici_media

© 정원오, 2025
ISBN 979-11-5706-484-7 (03300)

이 책에 실린 글과 이미지의 무단 전재·복제를 금합니다.
이 책 내용의 전부 또는 일부를 재사용하려면 반드시 출판사의 동의를 받아야 합니다.
파본은 구입처에서 교환해 드립니다.